北京第二外国语学院 2023 年度学术著作出版经费资助

刘静菲 著

汉英话语
三维空间认知对比

COMPARISON OF
THREE-DIMENSIONAL
SPATIAL COGNITION
BETWEEN **CHINESE DISCOURSE**
AND **ENGLISH DISCOURSE**

社会科学文献出版社
SOCIAL SCIENCES ACADEMIC PRESS (CHINA)

序

  人类认知始于自身与外界事物周围"上、下、前、后、左、右"的空间认知,并以语言形式加以表征。认知语言学认为空间概念通过概念隐喻映射到时间域、状态域和社会地位域等抽象域之中。在从具体到抽象的隐喻过程中,三维空间认知的主观性得以凸显,并且从具象的三维空间可以拓展到抽象的语篇三维空间,这种语言现象和认知现象值得学者的广泛关注及深入研究。

  据已掌握资料,目前对三维空间汉英语言事实及主观性的对比研究、对汉英空间域及其通过隐喻映射的抽象认知域的系统性对比研究相对较少;而关于将以具象三维空间为基础的抽象三维空间认知运用到语篇中的汉英对比研究尚属空白。

  本书以《汉英话语三维空间认知对比》为题,以汉语"上/下""前/后""左/右"和通过语料库词频检索确定的对应英语"up/down"、"front/back"(时间域中为"before/after")、"left/

right"为研究对象，运用认知语言学的理论，对汉英具象三维空间认知、时间域认知、状态域认知和社会地位域认知进行对比分析。研究中的汉英例句主要选自CCL（北京大学中国语言学研究中心）语料库检索系统、BCC（北京语言大学语料库中心）语料库、《牛津高阶英汉双解词典》（第六版）、《现代汉语词典（汉英双语）》（2002年增补本）及有道词典。

　　本书正文分为六章，加上绪论和结语共八部分，主要内容有：梳理了国内外三维空间认知的相关研究动态，介绍了本书的理论、概念和框架；基于认知语言学的"五大理论"，即图形－背景理论、参照系理论、概念隐喻理论、指代空间理论及趋近化理论，结合"空间"、"时间"、"状态"及"社会地位"的认知特征，构建了指导本书的"整合认知框架"，对汉英具象三维空间及抽象三维空间语言表征的异同进行了分析，并得出了汉语和英语中存在相同的抽象三维认知框架的结论。

　　通过汉英语言对比分析，本书得出如下结论。

　　第一，汉英三维空间认知方面，汉英空间语言表征既具有拓扑的客观属性，也具有指代的主观性。汉语"上/下"与英语"up/down"的语言表征差别最大、主观性对比最明显，其次为"前/后"与"front/back"，"左/右"与"left/right"的语言表征差别最小。在表达方位概念时，汉语"上/下""前/后""左/右"没有具体的空间维度区分，通常侧重背景的二维平面而忽略其"点"、"线"或"体"特征，所以与英语相比，汉语的语义负担较重、空间概念覆盖范围较广。在语言内部的对称性方面，汉语"上"与"下"、"前"与"后"存在语义不对称性,"上"与"前"比"下"与"后"的语义应用范围更广,这是语言凸显性、语言经济性原则及认知主观性共同作用的结果。而"左"与"右"相对于人的身体是一种平衡的空间位置关系,所以基本对称。但英语的"up"与"down"、"front"与"back"、"left"与"right"的语义基本保持对称。

第二,时间域认知方面,汉语的时间认知模式是立体的,既有上下垂直模式,也有前后水平模式,汉语母语者更倾向于采用垂直空间模式对时间进行隐喻。英语时间认知以前后水平模式为主,英语母语者倾向于采用水平时空隐喻模式。在"时间移动"和"自我移动"两种模式中,英语母语者更倾向于面向将来,以将来为"前(before)",过去为"后(after)"。汉语中"时间移动"和"自我移动"两种模式均存在,但汉语在"自我移动"模式中表征了英语中所没有的过去在"前(before)",将来在"后(after)"的时间概念。另外,汉语中还存在一种英语中没有的以自我为参照点的边轴时间。

第三,状态域认知方面,汉英语言表征存在相似之处:"上(up)"为积极的状态,"下(down)"为消极的状态;"前(front)"为积极的状态,"后(back)"为消极的状态;"左(left)"为激进的、积极的状态,"右(right)"为保守的、消极的状态;在方向状态中,"上(up)"为北方,"下(down)"为南方。不同之处:汉语比英语的应用范围更为广泛,隐喻拓展性更强;汉英的"上"与"下"、"前"与"后"在状态域中存在不对称性；汉语"左右"表示"情绪"，而英语中却没有"left-right"一词。

第四，社会地位域认知方面，汉语与英语的语义基本对应，"上（up）"为积极意义，是地位或级别高的、权力大的，"下（down）"为消极意义，是地位或级别低的、权力小的；"前（front）"为积极意义，是重要和先进的，"后（back）"为消极意义，是次要和落后的；"左（left）"和"右（right）"没有固定的衡量标准，或尊或卑。但汉语"上／下"与"前／后"的应用范围比英语"up/down"与"front/back"更广泛。

第五，通过对汉英具象三维空间和由其通过隐喻映射而来的抽象三维空间的分析可以推演出汉语和英语存在相同的抽象三维认知框架。

本书试构建"整合认知框架"并且在语义层面加以验证，这有助于推动对认知语义学相关理论的探讨及研究；对具象三维空间及抽象三维空间认知的汉英对比分析有助于理解语言的普遍性及语言、思维和社会三者之间的关系，深化对语言本质的认识；本书的研究心得可应用于双语教学及汉英翻译实践，对英语教学或对外汉语教学具有一定的应用价值。

目 录

绪 论 / 001
    第一节 选题缘起 / 001
    第二节 研究价值 / 003
    第三节 研究范围、研究问题及研究方法 / 007

第一章 与本书相关的文献综述 / 011
    第一节 空间认知的相关研究 / 011
    第二节 时间认知的相关研究 / 022
    第三节 主观性问题的相关研究 / 026
    第四节 既有研究的特点及存在的不足 / 031

第二章 理论框架 / 032
    第一节 具象三维空间认知之图形 – 背景理论和
           参照系理论 / 032
    第二节 概念隐喻理论 / 035
    第三节 指代空间理论和趋近化理论 / 036
    第四节 本书的认知框架 / 040

第三章　汉英三维空间认知 / 047

　　第一节　汉英"上/下"空间认知 / 049

　　第二节　汉英"前/后"空间认知 / 066

　　第三节　汉英"左/右"空间认知 / 084

　　第四节　汉英三维空间认知小结 / 092

第四章　汉英时间域认知 / 097

　　第一节　汉英"上/下"时间认知 / 100

　　第二节　汉英"前/后"时间认知 / 108

　　第三节　汉英"左/右"时间认知 / 119

　　第四节　汉英时间认知异同原因 / 123

　　第五节　汉英时间域语义拓展及认知小结 / 127

第五章　汉英状态域认知 / 131

　　第一节　汉英"上/下"状态域认知 / 132

　　第二节　汉英"前/后"状态域认知 / 150

　　第三节　汉英"左/右"状态域认知 / 158

　　第四节　汉英状态域语义拓展及认知小结 / 166

第六章　汉英社会地位域认知 / 171

　　第一节　汉英"上/下"社会地位域认知 / 172

　　第二节　汉英"前/后"社会地位域认知 / 188

　　第三节　汉英"左/右"社会地位域认知 / 192

　　第四节　汉英社会地位域语义拓展及认知小结 / 199

结　语 / 204

绪　论

第一节　选题缘起

人类对世界的最初认知是通过认知自身与外界事物之间的"上、下、前、后、左、右"等空间方位关系获得的。"上/下"（"up/down"）、"前/后"（"front/back"）、"左/右"（"left/right"）构成了具象三维空间。那么人类又是如何在隐喻映射的作用下通过三维空间来认知时间、状态、社会地位等非空间概念的呢？认知语言学普遍认为语言的产生是客观现实、社会文化背景和人的自身生理基础共同作用的结果。Lakoff & Johnson 认为空间概念是"用来理解其他概念的基础"，空间隐喻源于人的身体体验[①]。王寅认为，人类的概念形成主要依赖于对自身身体所

[①] Lakoff G, Johnson M. Metaphors We Live By [M]. Chicago: University of Chicago Press, 1980: 14.

处的位置的体验与感知。在此体验和感知的过程中，身体和空间是首要的，是人类形成其他非空间概念的基础，是人类思维的起源，在认知加工过程中发挥着关键性的作用。①

人类处于时空运动之中，人们对空间方位关系的认知是认知客观世界的基础，所以对时间、状态、社会地位等抽象事物的认知是建立在空间认知的基础之上的。②词汇、句子或语篇中存在着大量的概念隐喻。概念隐喻的系统性和主观性是通过微观认知框架中概念域与概念域之间的系统性映射而形成的，因此，要探究人类的认知框架，就应该从人类对空间的认知开始，再到空间隐喻的目标域：时间域、状态域、社会地位域等。

如果人类对抽象概念的认知是以空间概念为基础的，那么通过空间隐喻映射而得来的时间、状态和社会地位等抽象认知域是否也依然遵循空间框架的认知模式？语言是思维的表征形式，那么三维空间的认知模式是否也可以应用于具体语境下的语篇中呢？

沈家煊认为在传统意义上，客观表达命题就是语言的功能。③话语客观性是指语言的真实存在，话语描述的事物的客观性质和规律并不会因为说话者的主观意愿而改变。话语主观性是指说话者因处于本身语言框架和认知模式之中而使话语带上

---

① 王寅.语言的体验性——从体验哲学和认知语言学看语言体验观[J].外语教学与研究，2005 (1): 38.
② 陶文好.论 up 的空间和隐喻意义认知[J].外语学刊，2000 (4):13-18.
③ 沈家煊.语言的"主观性"和"主观化"[J].外语教学与研究，2001(4):268-375.

的不可磨灭的主观印记。词汇语义变迁[①]、概念识解（conceptual construal）[②]、语法化[③]等是认知语言学讨论主观性时涉及的议题。没有主观性就无法对语言进行解释，因为所有自然语言结构中都存在语言的主观性[④]。既然语言的主观性无处不在，汉英两种语言的主观性在具象和抽象的三维空间认知中就会有所体现。

汉英两种语言在主观性语言表达上既可采用相同也可采用相异的方式和手段，同时两种语言之间也存在认知机制的异同。对汉英两种语言所具有的主观性及主观化进行对比研究，有助于我们更好地认识人类语言可能存在的普遍规律和特征。

综上，本书拟通过对从三维空间到时间域、状态域及社会地位域进行研究，探究汉英两种语言所反映出的人类的相似认知机制及相同的认知框架。

第二节　研究价值

空间是人类思维的起源，是人类认识和理解其他非空间概念

---

① Traugott E C. On the Rise of Epistemic Meaning in English: An Example of Subjectification in Semantic Change [J]. Language, 1989, 65(1): 31-55.
② Langacker, R W. Subjectification [J]. Cognitive Linguistics, 1990, 1(1): 5-38, 315, 317.
③ Langacker, R W. Subjectification, Grammaticazation, and Conceptual Archetypes [C]// Athanasiadou A, Canakis C, Cornillie B. eds. Subjectification: Various Paths to Subjectivity. Berlin: Mouton de Gruyter, 2006: 17-40.
④ Lyons J. Linguistic Semantics: An Introduction [M]. Cambridge: Cambridge University Press, 1995: 341.

的基础，在人类认知加工过程中发挥着关键性的作用。无论是从人们对空间概念以及非空间概念认知的实际需求角度，还是从语义层面，抑或是从认知语言学理论角度，对汉英三维空间的语义拓展特征及背后的认知机制的研究皆具有理论价值和应用价值。

一　理论价值

基于认知语言学理论，本书构建了指导研究的"整合认知框架"，从汉英三维空间认知语义层面对汉英认知机制进行了阐释，其理论价值主要体现在以下三点。

第一，有助于进一步丰富对汉英空间词汇语义的系统性对比研究。本书在认知语言学的理论框架下，对"上/下"（"up/down"）、"前/后"（"front/back"）、"左/右"（"left/right"）构成的具象三维空间及其通过隐喻映射的时间域、状态域、社会地位域认知进行了对比性分析，在分析汉英两种语言在不同认知域中语言表征的异同的基础上，阐释了二者共有的三维认知框架。本书在对从空间域到时间域再到状态域和社会地位域的跨域对比的分析过程中，将图形－背景理论、参照系理论、概念隐喻理论与指代空间理论和趋近化理论有机结合并在语义层面加以验证，有助于推动认知语义学理论的深入研究。

第二，有助于拓展现代语言学的研究领域。基于认知语言学理论，本书构建出了适合本研究的"整合认知框架"，以展开三维空间语义层面的研究及探讨。

第三，有助于深化对语言本质的认识。认知语言学认为语言和人类自身身体体验密切相关，能够反映人类是如何通过自身体验来认识客观世界的。无论是汉语还是英语，空间概念在语言和思维中均起着重要的作用。本书对"上／下"（"up/down"）、"前／后"（"front/back"）、"左／右"（"left/right"）构成的具象三维空间及抽象三维空间认知的汉英对比分析，有助于理解语言的普遍性及语言、思维和社会的关系，深化对语言本质的认识。

二　应用价值

研究的目的在于应用，本书的应用价值如下。

第一，本书的研究心得可应用于双语教学，这对英语教学或对外汉语教学具有一定的实用价值。首先，汉英"上／下"（"up/down"）、"前／后"（"front/back"，时间域中为"before/after"）、"左／右"（"left/right"）隐喻系统庞大繁杂，对汉英二语习得者来说，如果没有系统的语言分类体系，要掌握对方语言的用法会非常困难。本书对汉英"上／下"（"up/down"）、"前／后"（"front/back"）、"左／右"（"left/right"）构成的具象三维空间及其通过隐喻映射的时间域、状态域、社会地位域中的语言表征进行归类、对比分析，并阐释三维空间语义拓展机制，其中也包含了一些不为双方二语习得者所注意的语言现象，因此有助于汉英二语习得者更加有效、系统地学习并掌握汉英"上／下"（"up/down"）、"前／后"（"front/back"，时间域中为"before/

after")、"左/右"("left/right")的用法。

从认知理论研究服务于具体教学实践活动的角度来讲，对汉英三维认知框架的阐释与验证也符合作为第二语言教学的汉语和英语教学的实际需要。二语习得者除了要掌握语言外在的表征符号系统，还应深刻理解这一语言的认知框架与认知机制。具象三维空间及抽象三维空间的整合认知框架，有助于在第二语言教与学的过程中的理论与实践的结合、微观与宏观的结合。

第二，本书的成果可应用于汉英及英汉翻译实践。翻译的过程是语言与语言之间转换的过程，只有深刻理解语言的内涵，才可做到语言间的有效转换。本书在语义层面对汉英三维空间的共性与差异进行对比分析，对汉英认知机制进行阐释，有助于译者根据译入语和原语的语言特点及文化特征选择最贴近、最自然的对等语来再现原语所传达的信息。

三　创新之处

本书对三维空间的认知语义进行的汉英对比分析主要有以下几点创新。

第一，在研究方法及研究角度上，学界对汉英三维空间语义层面的研究，主要是基于汉语或英语语言事实对具象三维空间的客观性进行的研究。本书采用以汉英对比为主的方法，以"上/下"("up/down")、"前/后"("front/back")、"左/右"("left/right")构成的具象三维空间为基础，对汉英三维空间由具象到抽象、由客观到主观进行了分析。

第二，在理论上，基于认知语言学理论，结合"空间"、"时间"、"状态"及"社会地位"的认知特征，构建了指导本书的"整合认知框架"，从具象三维空间和抽象三维空间的角度，诠释了汉英两种语言背后所隐含的认知机制。

第三，在研究层面，基于对"上／下"（"up/down"）、"前／后"（"front/back"）、"左／右"（"left/right"）构成的具象三维空间认知语义的研究构建出了抽象三维空间理论框架，可以用于今后对认知语篇的研究。本框架可以弥补学界三维空间语篇层面研究的不足。

第三节　研究范围、研究问题及研究方法

本节主要对本书的研究范围、研究问题及研究方法进行介绍。

一　研究范围

本书对汉英话语具象三维空间及抽象三维空间认知进行对比研究。具体而言，本书在语义层面对汉英"上／下"（"up/down"）、"前／后"（"front/back"）、"左／右"（"left/right"）所构成的三维空间及其通过隐喻映射的时间域、状态域及社会地位域进行对比分析。

研究对象的确定。本书的研究对象为汉语方位词"上/下""前/后""左/右"和与汉语相对应的英语"up/down"、"front/back"（时间域中为"before/after"）、"left/right"。与汉语"上/下"相对应的英语可为"up/down""over/under""above/below"，因此在与汉语"上/下"对应的英语选词方面，本书做了语料库的词频检索。在 BCC（北京语言大学语料库中心）语料库中的检索结果为：up 出现 421851 次，over 出现 296905 次，above 出现 64187 次；down 出现 152435 次，under 出现 290766 次，below 出现 38193 次（2018 年 6 月 10 日检索）。在 Wordcount 中的英语单词总数为 86800 个，up 排位第 56，over 排位第 75，above 排位第 342；down 排位第 97，under 排位第 145，below 排位第 690（2018 年 6 月 10 日检索）。由以上检索结果可以看出，"up/down"的出现频率相对较高，所以本书选取英语"up/down"作为与汉语"上/下"相对应的对比研究对象。英语中与汉语"前/后"相对应的表空间概念的词比较单一，为"front/back"，表时间概念时主要为"before/after"。与汉语"左/右"相对应的英语则为"left/right"。

具体语料来源。在例句选取方面，本书第三至第六章的例句大多选自 CCL（北京大学中国语言学研究中心）语料库检索系统、BCC 语料库、《牛津高阶英汉双解词典》（第六版）、《现代汉语词典（汉英双语）》（2002 年增补本）、有道词典，少部分例句来自文学作品。书中汉语和英语的释义主要选自在线《说文解字》（http://www.cidianwang.com/shuowenjiezi）、在线《古汉语字典》

（http://www.cidianwang.com/guhanyu）、《牛津高阶英汉双解词典》（第六版）、《现代汉语词典（汉英双语）》（2002年增补本）、有道词典、《韦氏词典》（*Merriam Webster*电子版）以及在线词源词典www.etymonline.com。

二 研究问题

人类的认知是以空间概念为基础的。空间概念会通过隐喻映射到人类的抽象认知域，因而本书的研究聚焦在人类是否存在认知的共性，汉语母语者和英语母语者共同的认知框架（cognitive frame）是什么？此框架如何而来，是否依然与"上／下"（"up/down"）、"前／后"（"front/back"）、"左／右"（"left/right"）构成的具象三维空间有关？语言背后的思维共性的因素是什么？由于社会文化背景不同，汉英语言表征也会有差异性，那么这种差异性是否会体现在认知框架上，造成这种差异性的具体原因是什么？

三 研究方法

本书最重要的研究方法是运用认知语言学理论分析和解决问题，将认知语言学理论与话语三维空间的认知语义相结合进行汉英对比分析，本书第二章的理论框架将详述该理论。具体研究方法如下：

第一，描写与解释相结合。对于语言表征现象的认识，不能仅止于细致的描写，还要给予合理的解释。描写是解释的前提，解释能使描写更加合理有序。本书对汉英空间、时间、状态及社会地位认知的语言表征进行了细致的描写和阐述，深入探讨了三维空间认知在汉英两种语言中的具体表征和语言背后隐含的主观性异同及其原因。

第二，归类分析法。对空间、时间、状态及社会地位的语言现象进行归类分析，为概念隐喻理论及指代空间理论和趋近化理论提供佐证。

第三，图形法。本书部分章节采用了图形法，因为思维是一个抽象的概念，隐喻是一种思维方式，主观性是内在的隐化，因此把一些抽象的概念、字数多于字面意思的内容以及对思维过程的认知通过几何图形的方式呈现出来，可以达到更好的解释效果。

第四，比较法。本书是在认知语言学视角下对汉英三维空间认知进行的对比研究，是关于汉英方位词"上/下""前/后""左/右"的拓扑和参照空间、时间－空间隐喻的几种模式、状态－空间隐喻及社会地位－空间隐喻的具体特征、具体语境中三维空间认知的主观性表征的对比研究。

·第一章·
与本书相关的文献综述

语言中的词汇、句子或语篇中存在的隐喻是人类隐喻性思维的反映。人类对世界的认识是基于对自身和空间的理解,从空间到时间,再到状态和社会地位,正是隐喻性思维的系统体现。本章从认知语言学中选取与本书相关的对空间认知、时间认知、主观性问题等的研究进行梳理与总结。

第一节 空间认知的相关研究

E. Clark[1]和 H. Clark[2]开了从语言学角度对语言和空间概念之间

---

[1] Clark E. How Children Describe Time and Order [C]//Ferguson C A, Slobin D. eds. Studies of the Child Language Development. New York: Holt, Rinehart and Winston, 1973: 585-606.

[2] Clark H. Space, Time, Semantics and the Child [C]//Moore T E. ed. Cognitive Development and the Acquisition of Language. New York: Academic Press, 1973: 27-63.

的关系进行研究的先河。自此之后，研究者们从多个方面对空间认知问题进行了大量研究，从而推动认知语言学不断进步与发展。

一　国外空间认知的研究

认知语言学家初步考察空间概念与语言之间的联系是从 E. Clark 和 H. Clark 关于儿童对空间关系的认知和空间词汇的习得过程的考察开始的。随后，Miller & Johnson-Laird 对语言所表达的空间关系进行了描写，并对静止和运动空间关系进行了研究。[①]语言是人们认知的空间关系概念的映射。研究者以英语母语者的语言知识、语言使用和语言习得过程为研究对象，对语言现象通过观察和内省的方法进行描写，分析关于空间的语言与认知的关系。他们认为人们通过自身特有的认知机制和生理构造来感知世界，通过自身身体体验认识客体、人、时间、空间和它们之间的相互关系。这些认知都通过语言反映出来。

意象图式（image schema）是认知语言学的重要内容。Langacker 用意象图式解释了英语母语者对介词的识解[②]。

20 世纪 90 年代以来，跨语言研究占了主导地位。出现了对空间参照系（spatial frames of reference）语言类型学的研究。Levinson 的

[①] Miller G A, Johnson-Laird P N. Language and Perception [M]. Cambridge: Cambridge University Press, 1976.

[②] Langacker R W. Foundations of Cognitive Grammar. Vol. 1. Theoretical Prerequisites [M]. Stanford, California: Stanford University Press, 1987: 189-213.

研究比较具有代表性，他通过对不同语言的描写和对比，研究了不同民族对空间方位概念及空间运动概念的认知和语言的关系[①]。

二 国内空间认知的研究

国内对空间问题的研究始于对汉语方位词词类、句法功能的研究，在众多学者的努力下，汉语空间问题研究已成果丰硕。国内对空间问题的研究的深入与发展与功能语言学和认知语言学理论的引入息息相关。研究语言不再只停留在形式结构上，而是从空间概念结构入手，基于认知语言学的观点与方法对语言结构进行系统而合理的解释。

（一）传统语法框架下的空间问题研究

国内对空间问题的研究是从对处所词及方位词的词类和句法功能研究开始的，从形式结构入手。《马氏文通》提出名词（名字）的词类可以用"方""地""处"等来表示。[②] 在《中国文法要略》一书中，吕叔湘专门论述了汉语的方所问题。[③] 在《现代汉语

---

① Levinson S C. Frames of References and Molyneux's Question: Crosslinguistic Evidence [C]// Bloom P, Pederson M A, Nadel L, Garrett M. eds. Language and Space. Cambridge, Massachusetts: MIT Press, 1996:109-169; Levinson S C. Space in Language and Cognition: Explorations in Cognitive Diversity [M]. Cambridge: Cambridge University Press, 2003; Levinson S C, Wilkins D P. eds. Grammars of Space: Explorations in Cognitive Diversity [C]. New York: Cambridge University Press, 2006: 1-23, 512-552.
② 马建忠. 马氏文通 [M]. 北京：商务印书馆，1898.
③ 吕叔湘. 中国文法要略 [M]. 北京：商务印书馆，1944.

语法讲话》中，丁声树等将"定位词"改为"方位词"，把"地位词"改为"处所词"。① 赵元任则把方位词跟处所词、名词、区别词、时间词等并行列为体词一类。② 邹韶华在《现代汉语的方位词》中指出处所和方位紧密相连，处所词和方位词有相同的部分。③

吕叔湘在《中国文法要略》中的"重印题记"中将方位词作为表达"方所"这个范畴的一种重要形式来研究④，开了从空间概念表达的角度研究方位词的先河。黄伯荣、廖序东在《现代汉语（增订二版）》中列出了方位词表，并对方位词的语法特点及性质进行了介绍。⑤ 后来的研究基本是在传统语法框架下，主要从词性或句法功能层面讨论方位词的，如储泽祥⑥、倪建文⑦、齐沪扬⑧等人的研究。

（二）国内空间问题研究的新阶段

随着认知语言学的产生和认知语言学理论的不断深入，国内空间问题研究也进入了新的发展阶段。自20世纪80年代起，空间关系问题研究有了新的发展和变化。研究开始从概念结构入

---

① 丁声树，等.现代汉语语法讲话[M].北京：商务印书馆，1961.
② 赵元任.汉语口语语法[M].吕叔湘，译.北京：商务印书馆，1968.
③ 邹韶华.现代汉语的方位词[M]//语用频率效应研究.北京：商务印书馆，2001.
④ 吕叔湘.中国文法要略[M].北京：商务印书馆，1982.
⑤ 黄伯荣，廖序东.现代汉语（增订二版）[M].北京：高等教育出版社，1997.
⑥ 储泽祥.现代汉语方所系统研究[M].武汉：华中师范大学出版社，1997.
⑦ 倪建文.方位词"上""下"在使用中的对称性和非对称性[J].修辞学习，1999(5):18.
⑧ 齐沪扬.现代汉语空间问题研究[M].上海：学林出版社，1998.

手，基于认知语言学的观点与方法对语言结构做出系统而合理的解释，而不只是停留在形式结构方面。国内学者撰写一批与汉语方位词和空间方位关系研究相关的文章及专著，也有的学者从社会语言学的角度来讨论人类空间认知的个性及共性问题。下面将国内空间认知研究成果分为六类进行概述。

第一，运用认知语言学理论研究汉语空间问题。此类文章与专著有廖秋忠的《现代汉语篇章中空间和时间的参考点》[1]，方经民的《现代汉语方位参照聚合类型》[2]，齐沪扬的《现代汉语空间位置系统的理论框架》[3]，刘宁生的《汉语怎样表达物体的空间关系》[4]，戴浩一、薛凤生主编的《功能主义与汉语语法》[5]，方经民的《汉语空间方位参照的认知结构》[6]，王芳的《近距方位词的认知语义特点》[7]等。随着认知语言学理论的深入，学界运用认知语言学理论对汉语进行研究，汉语空间方位词的研究也因而得到了进一步的发展。

第二，从空间隐喻和意象图式的角度对空间问题进行研究的有：夏现涛从体验哲学和认知语言学的角度探讨了时间的空间隐

---

[1] 廖秋忠.现代汉语篇章中空间和时间的参考点[M]//廖秋忠文集.北京:北京语言学院出版社,1992:3-15.
[2] 方经民.现代汉语方位参照聚合类型[J].语言研究,1987(2):3-13,52-60.
[3] 齐沪扬.现代汉语空间位置系统的理论框架[M]//现代汉语空间问题研究.上海:学林出版社,1998.
[4] 刘宁生.汉语怎样表达物体的空间关系[J].中国语文,1994(3):169-179.
[5] 戴浩一,薛凤生主编.功能主义与汉语语法[M].北京:北京语言学院出版社,1994.
[6] 方经民.汉语空间方位参照的认知结构[J].世界汉语教学,1999(4):32-38.
[7] 王芳.近距方位词的认知语义特点[J].汉语学报,2005(3):78-84,96.

喻①；李珩对认知范畴时空隐喻进行了研究②；董又能、郭熙煌对空间语言结构认知的视觉意象进行了研究③；王炤的文章对空间隐喻的体验性做了阐释④；岳好平、汪虹探讨了英汉时空隐喻的意象图式观⑤；肖燕对空间描述的主观性与参照框架的选择进行了研究⑥；谭蔚、郭熙煌对空间隐喻的认知解释进行了研究⑦；齐振海、闫嵘对空间认知的语言与心智表征进行了研究⑧；赵宏对认知语言学空间概念之发展进行了阐释⑨。运用空间隐喻理论和意象图式理论对空间认知的体验性、主观性、文化性问题进行阐释，是认知语义学的重要内容。

第三，对方位词"上/下"的研究是空间范畴研究的重要内容。蓝纯认为根据"上/下"空间方位概念，汉语和英语分别形成了四种类型的空间隐喻："上/下"的空间方位域映射到时间域、社会地位域、事物的数量域和状态域中。具体而言，更早的时间为"上"，更晚的时间为"下"；更高的地位为"上"，更低的地位为"下"；更大的数量为"上"，更小的数量为"下"；较

---

① 夏现涛.从体验哲学和认知语言学的角度看时间的空间隐喻[J].吉林省教育学院学报(学科版),2010(2):31-32.
② 李珩.认知范畴的时空隐喻[J].学理论,2011(3):142-143.
③ 董又能,郭熙煌.空间语言结构认知的视觉意象[J].外国语文,2011(6):81-85.
④ 王炤.体验哲学观下空间隐喻的体验性[J].牡丹江大学学报,2011(9):36-37,40.
⑤ 岳好平,汪虹.英汉时空隐喻的意象图式观[J].外语与外语教学,2011(2):24-27.
⑥ 肖燕.空间描述的主观性与参照框架的选择[J].外语教学,2012(1):42-46.
⑦ 谭蔚,郭熙煌.空间隐喻的认知解释[J].当代继续教育,2013(2):93-96.
⑧ 齐振海,闫嵘.空间认知的语言与心智表征[J].外语学刊,2015(4):31-35.
⑨ 赵宏.对认知语言学空间概念之发展[J].贵州民族大学学报(哲学社会科学版),2015(3):106-116.

期待的、公开的或好状态均为"上",不期待的、封闭的或坏状态均为"下"。① 刘建刚《从"上下图式"到"等级图式"——空间方位关系在语言世界的映射》通过讨论表现空间方位关系的"上下图式"如何体现在神话、宗教、政治、历史等领域,进而推导出"等级图式",说明空间方位关系如何通过隐喻映射到人们的日常生活中,并通过语言来表现世界的等级现象。② 类似的还有吴晓彤、闫新民《汉语方位名词上/下的两种意象图式》③,童盛强《也说方位词"上"的语义认知基础——兼与缑瑞隆先生商榷》④。何悦嘉《"上/下"域空间隐喻初探》分析了从"上/下"域向非空间域的映射过程,对空间隐喻的经验基础和拓展过程做了认知分析,试图通过研究"上/下"域对时间、数量、状态、等级、背景条件、行动方向这六种目标域的投射揭示"上/下"空间概念对非空间概念的认知隐喻作用。⑤ 白丽芳《"名词+上/下"语义结构的对称与不对称性》分析了不同性质的名词在与"上/下"搭配时语义从具体到抽象、从不完全对称到完全不对称的变化过程。⑥ 其中最具代表意义的是蓝纯《从认知角度看汉语

---

① 蓝纯. 从认知角度看汉语的空间隐喻 [J]. 外语教学与研究, 1999(4): 7-15.
② 刘建刚. 从"上下图式"到"等级图式"——空间方位关系在语言世界的映射 [J]. 浙江工业大学学报(社会科学版), 2005(2):197-202.
③ 吴晓彤, 闫新民. 汉语方位名词上/下的两种意象图式 [J]. 安徽理工大学学报(社会科学版), 2005(2):45-47.
④ 童盛强. 也说方位词"上"的语义认知基础——兼与缑瑞隆先生商榷 [J]. 语言文字应用, 2006(1):87-92.
⑤ 何悦嘉. "上/下"域空间隐喻初探 [J]. 社会科学家, 2006(S2):7-8.
⑥ 白丽芳. "名词+上/下"语义结构的对称与不对称性 [J]. 语言教学与研究, 2006(4):58-65.

的空间隐喻》，文中详尽分析了"上/下"的隐喻意义[①]。蓝纯在2005年出版专著《认知语言学与隐喻研究》，其中对"上/下"的分析仍然是重要内容[②]。李媛《从认知角度看英汉语言中的"上/下"》，运用空间隐喻理论对英汉两种语言在表征和构成等方面进行对比分析。[③] 张海会《认知视野下的方位性隐喻"上、下"及其文化隐涵》，从认知语言学的角度探讨"上/下"的方位隐喻并着眼于方位隐喻"上/下"在不同语言中所体现的相似的文化内涵。[④] 孙怡然《我们赖以生存的上下图式》，通过对空间隐喻性的解析探讨了上下图式在语言各个方面的巨大影响力，旨在说明上下图式是我们赖以生存的一种重要认知方式。[⑤] 沈春利《从"上/下"概念隐喻再思考萨丕尔-沃尔夫假说》，提出从外在跨学科视角看，英汉这两种完全在独立文化下进化的语言，都使用"上""下"空间概念隐喻表征极其相似的等级、品质、数量/程度、时间、状态、感官、限度和介质抽象概念，说明相同认知机制所产生的结果相同，即思维决定语言，有力否定了语言决定思维的论断。[⑥] 此外，类似研究还有杨云的《方位词"上"和"下"的空间定位》[⑦]、周统权的《"上"与"下"不对称的认

---

① 蓝纯.从认知角度看汉语的空间隐喻[J].外语教学与研究,1999(4):7-15.
② 蓝纯.认知语言学与隐喻研究[M].北京:外语教学与研究出版社,2005.
③ 李媛.从认知角度看英汉语言中的"上/下"[J].今日科苑,2007(14):181-182.
④ 张海会.认知视野下的方位性隐喻"上、下"及其文化隐涵[J].辽宁行政学院学报,2007(5):217-218.
⑤ 孙怡然.我们赖以生存的上下图式[J].科技信息,2008(30):501-502.
⑥ 沈春利.从"上/下"概念隐喻再思考萨丕尔-沃尔夫假说[J].重庆三峡学院学报,2015(4):116-119.
⑦ 杨云.方位词"上"和"下"的空间定位[J].云南师范大学学报,2001(2):104-108.

知研究》[1]、才雅南的《方位词"上下"的汉英对比分析》[2]等。

第四，对方位词"前/后"的研究也是空间问题研究一个比较重要的方面。韩玉强《时空中的"前"、"后"认知》提出空间"前"和"后"认知有两种认知策略，即客体参照策略和主体参照策略，这就造成了时间表达中的"前后矛盾"。[3] 刘营、孙月美研究了英汉"前/后"空间隐喻认知的共性，描述了英汉空间隐喻认知共性的表现，即空间隐喻的普遍性和空间隐喻转换的整体规律性。[4] 杨大磊、王胜美提出对"前/后"有两种认知模式：强调时间的序列性时，"后"表将来，"前"表过去；而强调时间的方向性时，"后"表过去，"前"表将来。[5] 蔡淑美对现代汉语"前/后"的认知机制、句法语义限制情况及时间指向的认知视角进行了研究，在对现代汉语中含时间词"前""后"的表达式系统考察之后得出结论：汉语母语者倾向采用"时间移动"的模式（The Time Moving Model），即用"前"表示过去，用"后"表示将来。[6] 另外还有张建理《汉语时间系统中的"前"、"后"认知和表达》[7]，

---

[1] 周统权."上"与"下"不对称的认知研究[J].语言科学,2003(1):39-50.
[2] 才雅南.方位词"上下"的汉英对比分析[J].牡丹江教育学院学报,2005(1):46-47.
[3] 韩玉强.时空中的"前"、"后"认知[J].徐州师范大学学报(哲学社会科学版),2008(3):41-44.
[4] 刘营,孙月美.英汉"前后"空间隐喻认知的共性[J].现代交际,2010(1):21.
[5] 杨大磊,王胜美."前/后"隐喻映射的对称与不对称分析[J].长治学院学报,2010(4):16-19.
[6] 蔡淑美.现代汉语"前、后"时间指向的认知视角、认知机制及句法语义限制[J].当代语言学,2012,14(2):129-144,219-220.
[7] 张建理.汉语时间系统中的"前"、"后"认知和表达[J].浙江大学学报(人文社会科学版),2003(5).

梁道华《英汉"前、后"隐喻时间研究》[1]，郎芊、高治东《空间介词渐变特征的具身认知探析——以空间介词 Before-After 为例》[2]。硕士学位论文有仇晓春《对前后方位的认知分析》[3] 和黎金娥《英汉"前/后"时间概念隐喻的认知研究》[4] 等。

第五，对方位词"左/右"的研究。对"左/右"的研究主要是从尊卑释义、文化内涵、概念隐喻的角度进行的语义范畴研究。如周锦国的《也谈"左""右"和"左右"——兼与王希杰先生商榷》，以"左"和"右"的汉字结构、引申含义及左手和右手在使用过程中的差异为出发点，探讨了"左前右后"的原因，提出汉语中的"左前右后"与人类语言的认知性原则——首位原则相符。[5] 邓远洪的硕士学位论文《从概念隐喻的视角研究"左—右"的意义》，运用原型范畴理论、意象图式理论、概念隐喻理论和概念整合理论，对"左—右"空间概念通过隐喻映射的数量、时间、状态和社会地位概念进行了研究。[6] 相对而言，学界对"左/右"的研究明显少于对"上/下"和"前/后"的研究，研究缺乏系统性。

第六，从双语角度对空间问题进行的对比性研究。这为研究

---

[1] 梁道华. 英汉"前、后"隐喻时间研究 [J]. 淮阴工学院学报, 2009(6):24-26.
[2] 郎芊, 高治东. 空间介词渐变特征的具身认知探析——以空间介词 Before-After 为例 [J]. 山西师大学报 (社会科学版), 2013(S3):135-137.
[3] 仇晓春. 对前后方位的认知分析 [D]. 重庆：西南师范大学, 2005.
[4] 黎金娥. 英汉"前/后"时间概念隐喻的认知研究 [D]. 武汉：华中师范大学, 2006.
[5] 周锦国. 也谈"左""右"和"左右"——兼与王希杰先生商榷 [J]. 新疆大学学报 (哲学·人文社会科学版), 2007(2):144-147.
[6] 邓远洪. 从概念隐喻的视角研究"左—右"的意义 [D]. 成都：西华大学, 2007.

空间认知问题提供了新的视角。有外国语言学及应用语言学专业的学位论文,从双语角度对汉英空间问题做了对比性研究。博士学位论文如朱晓军的《空间范畴的认知语义研究》,以汉语研究为主,英语、俄语研究为佐证,基于认知语言学和体验哲学的观点,对空间语义与句法成分的关系、空间隐喻和空间认知的主观性特点等三方面进行了分析,旨在阐释空间在人类认知中的基础性地位,强调了人类共同的空间认知能力。① 此外,也有期刊文章如石轶兰的《浅析中西方位词的文化隐喻》,基于方位词的文化特点,探讨了方位词的文化隐喻现象。② 吴会娟的《英汉空间方位词的意义引申机制研究》,提出英语和汉语中的很多空间方位词都是通过隐喻的方式由空间域投射到时间、数量、社会关系、情感和范围及状态等非空间域中的。③ 王银平《英汉垂直空间维度词的认知隐喻对比研究》[4]和范彩霞《汉英空间方位表达的认知对比研究》[5]等论文都从不同的认知侧面,分析了不同语言之间语言表征及认知的共性与差异。

通过梳理,我们可以了解到国内对空间问题的研究是从对处所词及方位词的词类和句法功能研究开始的,从形式结构入手。随着国内学者对国外认知语言学的语言观、认知观、核心问题等进行评介和述介,国内空间范畴的研究领域逐渐得以拓宽。其后

---

① 朱晓军.空间范畴的认知语义研究[D].上海:华东师范大学,2008.
② 石轶兰.浅析中西方位词的文化隐喻[J].剑南文学(经典教苑),2012(12):129,131.
③ 吴会娟.英汉空间方位词的意义引申机制研究[J].鸡西大学学报,2013,13(5):122-124.
④ 王银平.英汉垂直空间维度词的认知隐喻对比研究[J].现代语文(语言研究版),2013(11):151-154.
⑤ 范彩霞.汉英空间方位表达的认知对比研究[J].黑龙江高教研究,2016(2):165-167.

运用认知语言学理论对汉语空间问题进行的研究多为从空间隐喻和意象图式的角度对空间参照系和时空隐喻的研究。学界对方位词"上/下"的研究多数是关于汉语的，少部分是关于英汉对比的；对"前/后"的研究基本集中于对时空隐喻的研究上；对"左/右"的研究明显少于对"上/下"和"前/后"的研究，研究缺乏系统性。尽管有从双语角度对空间问题进行的对比性研究，但研究没有进行全面深入的系统性对比分析。

第二节 时间认知的相关研究

时间概念是依据空间概念而确定的，时间只有通过物质在空间中的运动才能被人们所感知。国外认知语言学家通过研究得出结论，人类是通过两种认知模型对时间进行认知的。西方对时间问题的研究，深深影响了国内近现代阶段对时间问题的本体研究。19世纪以后，国内学者对时间问题进行了不断深入的研究，主要是对时体等时间本体的研究。随着认知语言学及其理论的发展，国内学者也着手从认知的角度研究时间问题。

一 国外时间认知的研究

以体验哲学为理论基础的空间问题和时间问题一直是认知语言学的核心问题。许多抽象的概念可以通过隐喻进行表征和理解。[1] 时间概念也是如此。空间概念是最基本的，是时间概念的基础，时间概念是空间概念通过隐喻映射的抽象概念，因此，时间即空间。Jackendoff[2] 与 Lyons[3] 提出，几乎所有表示空间的英语介词都可以用来表示时间。很多学者如 Clark[4] 与 Talmy[5] 等都对此进行了研究，并得出了相似的结论，认为空间是时间概念的确定依据，只有通过物质在空间中的运动，时间才能被人类所感知。根据认知语言学的观点，人类对时间的认知是基于两种认知模型，即"时间移动"模型和"自我移动"模型。

二 国内时间认知的研究

西方的研究对国内近现代的时间本体研究有深刻的影响。19世纪以后，国内学者对时间问题的研究不断深入，研究主要是对时体等时间本体的研究。陈望道[6]、王力[7]、高名凯[8]、戴耀晶[9]、

---

[1] Lakoff G, Johnson M. Metaphors We Live By [M]. Chicago: University of Chicago Press, 1980.

[2] Jackendoff R. Parts and Boundaries [J]. Cognition, 1991,41(1-3): 9-45.

[3] Lyons J. Semantics. Vol. 2 [M]. Cambridge: Cambridge University Press. 1977.

[4] Clark E. How Children Describe Time and Order [C]//Ferguson C A, Slobin D. eds. Studies of the Child Language Development. New York: Holt, Rinehart and Winston, 1973: 585-606.

[5] Talmy L. How Language Structures Space[C]//Pick H L, Acredolo L P. eds. Spatial Orientation: Theory, Research, and Application. New York: Plenum Press, 1983: 225-82.

[6] 陈望道. 表示延续的两种方式 [C]// 复旦大学语言研究室编. 陈望道语文论集. 上海：上海教育出版社，1997:300-301.原文发表于《译报》副刊《语文周刊》1938年第2期。

[7] 王力. 中国语法理论 [C]// 王力文集（第一卷）. 济南：山东教育出版社，1984:209-210.

[8] 高名凯. 动词之态 [J]. 国文月刊，1946(50):12-18.

[9] 戴耀晶. 论现代汉语的体 [D]. 上海：复旦大学，1990.

沈家煊[①]、龚千炎[②]等都对时间的本体问题进行过研究或有著述。在《中国文法要略》中，吕叔湘用三个"基点"的时间概念代替"三时"的时间概念。[③]

随着认知语言学及其理论的发展，国内学者对时间问题开始从认知的角度进行研究，以下分三点进行概述。

第一，对国外关于时间认知的认知语言学的语言观、认知观、核心问题等进行的评介和述介。赵永峰评介了英国当代著名认知语言学者 Vyvyan Evans 的著作《时间的结构：语言、意义和时间认知》(*The Structure of Time: Language, Meaning and Temporal Cognition*, 2003)。Vyvyan Evans 的这部著作概述了时间的哲学问题、物理学问题以及语言学问题。[④] 赵永峰对 Adeline Patard & Frank Brisard 的《时、体与认识情态的认知研究》(*Cognitive Approachs to Tense, Aspect, and Epistemic Modality*, 2011)进行了述介，时（tense）和体（aspect）是语言研究的两个重要范畴，它们与认识情态（epistemic modality）紧密相连。[⑤] 尉万传对 Vyvyan Evans《语言与时间：认知语言学方法》(*Language and Time: A Cognitive Linguistics Approach*, 2013) 一书进行了评介。[⑥]

第二，对时间转喻和隐喻的研究。从转、隐喻角度对时间问

---

① 沈家煊."有界"和"无界"[J].中国语文，1995:367-380.
② 龚千炎.汉语的时相时制时态[M].北京：商务印书馆，1995:56.
③ 吕叔湘.中国文法要略[M].北京：商务印书馆，1944.
④ 赵永峰.《时间的结构：语言、意义和时间认知》评介[J].现代外语，2006(3):317-319.
⑤ 赵永峰《时、体与认识情态的认知研究》述介[J].外语教学与研究，2013(1):146-150.
⑥ 尉万传.《语言与时间：认知语言学方法》评介[J].外语教学与研究，2016(2):311-316.

题进行的分析与探讨是国内认知语言学研究的一项重要内容，经过研究者的共同努力，已经取得很大的进步。如郭善芳对时空隐喻进行了认知学分析，指出汉民族借用垂直空间概念来表征时间，这与汉民族的认识论、传统文化和语言体系密切相关[1]；肖燕、文旭论证了时间概念化的转喻的实现方式[2]；张颖探讨了 Lakoff & Johnson[3] 时间认知模型（时间移动、自我移动）对时间认知的指导意义[4]；吴会娟阐释了时间概念空间化的认知参照物[5]；肖燕从认知语言学视角讨论了时间认知及其语言表征的主观性[6]；朱海燕探讨了中国人在空间和时间认知上的心理现实性[7]。

第三，对汉英时间概念的对比研究。国内学者对汉英时间概念从隐喻的角度进行了对比研究，发现了汉英时间概念表达的异同，并从语言本身和社会文化等方面进行了解释。蓝纯[8]、张建理与丁展平[9]、周榕[10]、张建理与骆蓉[11]等对汉英时间隐喻语言表征的

---

[1] 郭善芳. 时空隐喻的认知学分析 [J]. 贵州大学学报（社会科学版），2007(5):81-84.
[2] 肖燕，文旭. 时间概念化的转喻实现方式 [J]. 外国语（上海外国语大学学报），2012(3):68-74.
[3] Lakoff G, Johnson M. Metaphors We Live By[M]. Chicago: University of Chicago Press, 1980.
[4] 张颖. 英汉时间的空间隐喻相似性分析 [J]. 长春教育学院学报，2012(6):22,30.
[5] 吴会娟. 英汉空间方位词的意义引申机制研究 [J]. 鸡西大学学报，2013,13(5):122-124.
[6] 肖燕. 时间参照框架与时间表征的主观性 [J]. 外国语文，2015,31(6):75-80.
[7] 朱海燕. 中国人对时空隐喻认知的心理现实性研究——对传统映射模式的优化 [J]. 外语教学，2016(1):48-52.
[8] 蓝纯. 从认知角度看汉语的空间隐喻 [J]. 外语教学与研究，1999(4):7-15.
[9] 张建理，丁展平. 时间隐喻在英汉词汇中的对比研究 [J]. 外语与外语教学，2003(3):31-34.
[10] 周榕. 时间隐喻表征的跨文化研究 [J]. 现代外语，2000(1):58-66.
[11] 张建理，骆蓉. 汉英空间–时间隐喻的深层次对比研究 [J]. 外语学刊，2007(2):68.

建构维度进行了研究,并在分析内容的基础上做了相关验证,发现汉英两种文化的时间概念维度具有相同性。陈燕、黄希庭则认为,由于受语言和社会文化的影响,汉英时间-空间隐喻关系在结构上或方向上有可能不同,并会影响人们对时间的认知。[①] 谢信一对时间概念和语言的关系主要是从象似性和人类对时间的感知情况角度进行研究的。[②] 王文斌对汉英语言的特点进行了对比,提出汉英两种语言在空间性和时间性特质方面有所不同,英语具有时间性特质,汉语表现出的则是空间性特质。[③] 赵培允也对英汉时-空隐喻进行了对比分析。[④]

第三节 主观性问题的相关研究

语言既可以对命题式的思想进行客观的表达,也可以对说话者的观点、情感和态度进行表达。"主观性"(subjectivity)是相对于"客观性"(objectivity)而言的概念,主要指话语中说话者的自我表达和说话者的看法及观点的体现,即说话者的自我印记。"主观化"是指语言为表现主观性而采用相应的结构形式或经历相

---

① 陈燕,黄希庭.时间隐喻研究述评[J].心理科学进展,2006(4):604-609.
② 谢信一.汉语中的时间和意象[C]//束定芳主编.语言的认知研究——认知语言学论文精选.上海:上海外语教育出版社,2004:244-289.
③ 王文斌.论英汉表象性差异背后的时空特性——从Humboldt的"内蕴语言形式"观谈起[J].中国外语,2013(3):29-36.
④ 赵培允.英汉时-空隐喻对比分析[J].牡丹江大学学报,2013(5):98-100.

应的演变过程。沈家煊认为,Finegan 所指的"主观化"[1],不仅指"共时"层面说话者采用什么结构或形式来表现主观性,也指"历时"层面表现主观性的结构或形式是如何经历不同时期通过其他结构或形式演变而来的。[2]

随着认知语言学、功能语言学和语用学的兴起,语言的主观性及主观化在语言学研究中逐渐得到重视。20 世纪 90 年代,在 Lyons[3]、Langacker[4]、Traugott[5] 等语言学家的带动下,对主观性和主观化的研究在语言学领域逐渐被重视。

国内语言的主观性和主观化研究在语言学界得到重视是由于沈家煊对 Traugott、Lyons、Langacker 等关于语言主观性及主观化研究的介绍[6]。

一 国外主观性问题的研究

Lyons 曾把主观性定义为:"自然语言在其结构与正常的运行方式中为说话者提供表达自己以及自己的态度与信念的方

---

[1] Finegan E. Subjectivity and Subjectivisation: An Introduction [C]// Stein D, Wright S. eds. Subjectivity and Subjectivisation: Linguistic Perspectives. Cambridge: Cambridge University Press, 1995:1.
[2] 沈家煊. 语言的"主观性"和"主观化"[J]. 外语教学与研究, 2001(4):268-375.
[3] Lyons J. Linguistic Semantics: An Introduction [M]. Cambridge: Cambridge University Press, 1995: 293-342.
[4] Langacker R W. Subjectification [J]. Cognitive Linguistics, 1990, 1(1): 5-38, 315, 317.
[5] Traugott E C. From Subjectification to Intersubjectification[C]// Hickey R. ed. Motives for Language Change. Cambridge: Cambridge University Press, 2003: 124-139.
[6] 沈家煊. 语言的"主观性"和"主观化"[J]. 外语教学与研究, 2001(4): 269-275.

式。"①Lyons 认为，相对而言，人们的日常生活中基本没有中立的、不带感情的、完全无主观特征的话语。②

1985 年，Langacker 提出了"主观性"的概念，在后来的二十多年中，其理论在不断修订中日臻完善。Langacker 认为，"主观性"是与"客观性"相对的概念，"主观性"与"客观性"的区别在于在具体的语言表达式或结构中说话者是否被明确提到，也就是在概念化识解中说话者是处于台上（on stage）还是处于台下（off stage）："客观性"为台上识解模式，"主观性"为台下识解模式。③与 Langacker 不同，Traugott 认为"主观性"与"客观性"的区别要看"话语是否与说话者相关"，如果相关，则为"主观性"表现，不相关，则为"客观性"表现。④Finegan 认为有关主观性的研究主要集中于说话者的情感（affection）、视角（perspective）、说话者话语中命题的认识情况（epistemic status of the propositions）方面。⑤

---

① Lyons J. Subjecthood and Subjectivity [C]//Yaguello M. ed. Subjecthood and Subjectivity: The Status of the Subject in Linguistic Theory. Paris: Ophrys, 1982: 102.
② Lyons J. Linguistic Semantics: An Introduction [M]. Cambridge: Cambridge University Press, 1995: 293-342.
③ Langacker R. W. Observations and Speculations on Subjectivity [C]// Haiman J. ed. Iconicity in Syntax. Amsterdam: Benjamins, 1985: 109-150; Langacker R W. Subjectification [J]. Cognitive Linguistics, 1990, 1(1): 5-38, 315, 317.
④ Traugott E C. From Subjectification to Intersubjectification[C]// Hickey R. ed. Motives for Language Change. Cambridge: Cambridge University Press, 2003: 124-139.
⑤ Finegan E. Subjectivity and Subjectivisation: An Introduction[C]//Stein D, Wright S. eds. Subjectivity and Subjectivisation: Linguistic Perspectives. Cambridge: Cambridge University Press, 1995: 1, 4.

二 国内主观性问题的研究

国内关于语言主观性和主观化的研究，主要是关于语言主观性的具体表现方式和历时演变中的主观化问题的研究，到目前为止，已经取得了丰硕的成果。

近年来，国内学界在语言主观性和主观化问题上探讨最多的是指示语、副词、时体、情态及某些结构和句式等语言主观性的表现方式。学界主要从空间指示语和人称指示语两个方面对指示语主观性的表现进行了研究。吴一安分析了英语指示语"this""that"和汉语"这""那"的主观性表现[1]；王义娜认为主观性是人称代词移指表达的一个重要因素[2]。国内对副词的主观性研究也比较深入，从"量"的角度进行的主观性研究是一个重点，如沈家煊探讨了副词"还"的元语增量用法[3]。时体态也是语言主观性研究不可或缺的内容，如石毓智、白解红从主观性角度探讨了英汉将来时标记问题[4]。也有学者对汉语的句式和结构的主观性表现进行了分析，如沈家煊对汉语的主观处置句、主观得失句和主观认同句的主观性表现进行了细致的分析[5]。这些为我们认

---

[1] 吴一安.空间指示语与语言的主观性[J].外语教学与研究，2003(6):403-409.
[2] 王义娜.人称代词移指：主体与客体意识表达[J].外语研究，2008(2):30-34.
[3] 沈家煊.语言的"主观性"和"主观化"[J].外语教学与研究，2001(4): 269-275.
[4] 石毓智，白解红.将来时标记向认识情态功能的衍生[J].解放军外国语学院学报，2007(1):1-4.
[5] 沈家煊.汉语的主观性和汉语语法教学[J].汉语学习，2009(1):3-12.

识主观性在某些句式中的表现及作用提供了研究视角。

有的学者也从历时演变的角度研究了语言的主观化问题，主要是对具体语言事实的词汇化和语法化进行的研究，如姚占龙指出"说、想、看"在语义层面经历了从"动作义"到"认识情态义"再到"话语标记"的主观性不断增强的演变过程①。

此外，外语学界在关于语言主观性和主观化的国外理论述介、概念内容及研究视角上均有所拓展。刘瑾对语言主观性理论和主观性概念进行了探讨。②魏在江从隐喻所表达的说话者的情感、说话者的视角、说话者的认识等几个方面对隐喻的主观性和主观化进行了研究，得出结论：隐喻的主观性在语音、词汇、语法、语篇的各个层面均有体现，主观性是隐喻的基本特性。③肖燕对空间描述的主观性与参照框架的选择进行了研究，提出在空间认知过程中，说话者的识解方式影响空间参照框架的选择及话语表征形式，空间描述中的参照框架本身具有主、客观性特征。④陈培珊探讨了语言主观性的三个研究视角，即文本语篇视角、认知语言学视角、社会文化视角，认为不同视角的语言主观性研究有助于更好地理解语言主观性的概念问题。⑤

在针对不同语言的对比研究方面，国内多是分别关于汉语和

---

① 姚占龙. "说、想、看"的主观化及其诱因 [J]. 语言教学与研究, 2008(5):47-53.
② 刘瑾. 语言主观性概念探析 [J]. 西安外国语大学学报, 2009(3):9-12; 刘瑾. 语言主观性的哲学考察 [J]. 外语学刊, 2009(3):39-42.
③ 魏在江. 隐喻的主观性与主观化 [J]. 解放军外国语学院学报, 2007(2):6-11.
④ 肖燕. 空间描述的主观性与参照框架的选择 [J]. 外语教学, 2012(1):42-46.
⑤ 陈培珊. 语言主观性研究视角 [J]. 开封教育学院学报, 2016,36(1):44-45.

英语事实的语言主观性和主观化的研究，如吴一安的《空间指示语与语言的主观性》[①]、徐以中的《"只"与"only"的语义指向及主观性比较研究》[②]，针对汉语与其他语言的对比研究非常少。

第四节　既有研究的特点及存在的不足

我们通过对关于空间认知、时间认知及主观性的国内外研究成果进行的梳理与分析，发现已有的关于空间和时间认知的研究，基本是对某一点或某一侧面的研究，如空间隐喻、时间隐喻与表征等；到目前为止，学界对话语三维空间的研究，主要是基于汉语或英语语言事实对具象三维空间的客观性进行的研究；以往对状态域和社会地位域的研究多集中于对"上／下"的研究，而对"前／后"和"左／右"的研究不足；对话语三维空间的研究多为在空间和时间语义及语法层面的研究，对三维空间主观性的系统研究欠缺。

---

① 吴一安. 空间指示语与语言的主观性 [J]. 外语教学与研究, 2003(6):403-409.
② 徐以中. "只"与"only"的语义指向及主观性比较研究 [J]. 语言教学与研究, 2010(6):62-69.

·第二章·
理论框架

在本章，我们将探讨认知语言学的图形－背景理论、参照系理论、概念隐喻理论、指代空间理论及趋近化理论，我们也将构建本书的认知框架，并且希望所构建的认知框架能够很好地解释具象三维空间认知及抽象三维空间认知所表达的空间概念、时间概念、状态概念及社会地位概念间的相互关系，诠释汉英两种语言所隐含的认知机制。

第一节 具象三维空间认知之图形－背景理论和参照系理论

人类的空间认知始于拓扑知觉空间认知，然后形成心智空间认知。心智空间与语言空间的联系在于心智和语言的互相依存，这种依存性也具有拓扑空间属性。认知语言学家 Talmy 最先将具有拓扑性的图形 - 背景理论运用于语言空间认知研究中[①]；Levinson 的参照系理论[②]极大地推动了语言空间认知研究的进程，拓宽了认知语言学的研究视域。这两种理论被视为诠释具象空间认知的基本框架。

一 图形 - 背景理论

Ungerer & Sehmid 认为认知语言学是研究语言的一种方法，提出了认知语言学表征的三种方法：凸显观（prominence view）、经验观（experiential view）及注意观（attention view）。[③] 凸显观认为，语言结构中信息的选择和安排是由信息的凸显程度决定的。图形 - 背景理论是一种以凸显观为基础的理论。Leonard Talmy 把图形 - 背景理论引入认知语言学的研究当中，并对其进行了深入的分析。[④]

---

① Talmy L. Figure and Ground in Complex Sentences[M]// Greenberg J H, Ferguson C A, Moravcsik E A. eds. Universals of Human Language. Vol. 4: Syntax. Stanford, California: Stanford University Press, 1978: 625-649.

② Levinson S C. Space in Language and Cognition: Explorations in Cognitive Diversity [M]. Cambridge: Cambridge University Press, 2003.

③ Ungerer F, Sehmid H J. An Introduction to Cognitive Linguistics[M]. London: Longman, 1996: 25-26.

④ Talmy L. Figure and Ground in Complex Sentences[M]// Greenberg J H, Ferguson C A, Moravcsik E A. eds. Universals of Human Language. Vol. 4: Syntax. Stanford, California: Stanford University Press, 1978: 625-649.

Talmy 就"图形"（figure）和"背景"（ground）不同的本质特征和联想特征进行了解释。图形具有未知的、需要确定的时空特征，而背景则具有确定的、可以标明图形的已知特征；图形的联想特征为较小、可移动、较晚进入意识或场景、较简单、易受关注、依赖性强、凸显性强等，而背景的联想特征为较大、较固定、较熟悉、较复杂、不易受到关注、独立性强、背景性强等。他认为图形是一个定位概念，背景则是实施定位的概念。[①]Talmy 的图形-背景理论可以很好地解释自然语言表达的空间认知及空间关系。

二 参照系理论

Levinson 的参照系（frames of reference）理论对空间关系进行了阐释。参照系理论与观察者的视角点（Perspective Point）有关。视角点就是观察者观察某一事物或场景的位置，涉及位置、距离和方式等因素。[②]Levinson 采用三分法把空间方位划分为"内在参照系"、"相对参照系"和"绝对参照系"。[③] 内在参照系是以物体为参照中心的参照系，通过参照物的自身方位特征来表达空间方位关系；绝对参照系是以环境为参照中心的参照系，根据地

---

① Talmy L. Toward A Cognitive Semantics. Vol. 1 [M]. Cambridge, Massachusetts: MIT Press, 2000: 68.
② Talmy L. Toward A Cognitive Semantics. Vol. 1 [M]. Cambridge, Massachusetts: MIT Press, 2000: 68.
③ Levinson S C, Wilkins D P. eds. Grammars of Space: Explorations in Cognitive Diversity [C]. New York: Cambridge University Press, 2006: 1-23, 512-552.

球的磁场和太阳的位置所显示的固定方向来判断图景的位置,如"东""西""南""北"等方位;相对参照系是以观察者(自我)为参照中心的参照系,根据观察者自身身体坐标的方位角度来判断空间方位关系。Levinson 的空间方位参照体系中,内在参照系和绝对参照系都表达了一种二元的空间方位关系,相对参照系则表达了由图形、背景和观察者构成的三元空间方位关系,对物体空间方位的判断需要根据具体的语境而进行。相对参照系是从观察者的角度出发来观察图景。

第二节　概念隐喻理论

概念隐喻理论认为隐喻是人类所具有的思维方式,是人类言语、行为、思维和认知的基础,是构成人类认知体系必不可少的工具,是我们赖以生存的基本方式。作为人类基本的认知模式,隐喻的本质就是通过一种事物去理解和体验另一种事物。[1] 概念隐喻就是基于身体体验,通过一个域去理解另一个域,是概念系统的跨域映射,其理解范围是整个域的系统而不是这个域中的个别概念。隐喻具有概念性和系统性的特点。语言词汇、句子或语篇中存在的隐喻是人类隐喻性思维的反映。

概念隐喻分为三类:实体隐喻(ontological metaphors)、结构

---

[1] Lakoff G, Johnson M. Metaphors We Live By [M]. Chicago: University of Chicago Press, 1980: 5.

隐喻（structural metaphors）和方位隐喻（orientational metaphors），其中方位隐喻又称为空间隐喻（spatial metaphors）。[①]下面主要对空间隐喻进行介绍。

Lakoff & Johnson 认为，空间隐喻来源于人类自身的直接身体体验，这充分体现了人类对世界的认知规律。人类多数的抽象概念都是通过空间隐喻进行表达和理解的，所以空间隐喻对人类的抽象概念形成具有非常重要的意义。空间隐喻是通过空间概念的始源域（source domain）向目标域（target domain）的映射（maping）获得引申和抽象意义的认知过程。空间隐喻的映射是将始源域的结构映射到目标域中的单向映射，即不能将目标域的结构映射到始源域中；空间隐喻并不能将始源域的结构完全映射到目标域中，只能将其中的一部分映射到目标域中，映射结构的选择要根据人们表达的需要而定；空间隐喻映射前与映射后的认知结构是不变的，即目标域的结构与始源域的原有内部结构是一致的。

第三节　指代空间理论和趋近化理论

一　指代空间理论

指代空间理论来自 Paul Chilton 于 2004 年提出的话语空间理

[①] Lakoff G, Johnson M. Metaphors We Live By [M]. Chicago: University of Chicago Press, 1980.

论[1]，如今在政治语篇分析中得到广泛应用和认可。Chilton 的抽象几何三维空间建立在 Bühler 的直指域（deictic field）理论之上，但其重点在于运用几何思维来揭示幕后认知视角及参照框架的转化，再现"人－时－空"三维结构以"我－现在－这里"为直指源（deictic origo）时的认知情景。2014 年，Chilton 又对此分析框架进行了修改与完善。所谓"指代"，在指代空间理论中指某些表达方式或词语，它们的指代关系被置于说话者的时空关系之中，进而引申到与说话者的立场相关联。这样，一些词语和表达方式就可以用抽象的几何关系来描述。

Chilton 提出的抽象三维空间几何图形，即"指代空间模型"（Deictic Space Models，DSMs）是建立在具体的物理三维空间框架基础之上的。Chilton 利用"指代空间理论"为政治话语的研究提供了一个可视化模型，即时间、空间和情态概念的模型，致力于揭示人类的心智表征是如何被置放于这三个认知层面上的。与被运用在三维欧几里得空间中的 x、y、z 轴不同，Chilton 用"指代空间模型"的 d、t、m 三个抽象维度来展现人类的概念空间和动态认知过程，其中原点（0，0，0）用 S（Speaker, Self and Subject）表示，意指说话者、自己或者认识主体。除此之外，该模型的基本建构还依赖相对距离、方向和指代中心等概念要素。因此，参照框架所对应的事实空间并不是一个绝对的物理空间，而是一个相对于说话者而言的概念空间，这就要求三个维度上的

---

[1] Chilton P. Analyzing Political Course: Theory and Practice [M]. London & New York: Routledge, 2004.

所有点都是相对于彼此、相对于原点来定位的。具体来说，d 轴代表认知注意力距离远近，表示抽象的方向和距离，反映的是 S 关于参照实体（或语篇实体）的心理"位置"和注意力距离。根据人们的感知经验，注意力距离有明显的近、中、远之分，所以坐落在其上的实体可以呈现出相应的图形－背景（figure-ground）或前景－背景（foreground-background）关系。代表构想时间的 t 轴是唯一的双向轴，−t 和 +t 分别象征着过去和将来。t 轴在汉英两种语言中是与"前－后（front-back）"方向相对应的，如向前看指将来（look forward to the future），向后看指过去（look back to the past）；有时其也与"上－下（up-down）"方向相对应，如"上"表过去，"下"表将来。指代空间模型中的时空距离在某种程度上是与注意力距离相对应的，时间向量的认知建构由空间向量的认知特性抽象而来，参照点可以是指代中心 S，也可以是远离中心 S 的其他点。最后一条情态轴 m 轴反映了说话者对于话语内容现实性的主观评价，而评价范围的两端点分别是指代中心 S 处的现实评价（realis）和距离指代中心最远的非现实评价（irrealis）。最后需要说明的是，三轴间的互动还体现了一种隐喻映射关系，即人们会在一定程度上借助空间概念来理解和建构时间概念以及认识情态概念。[①] 该三维指代空间的基础坐标系建构如图 2-1 所示。

---

① Chilton P. Language, Space and Mind: The Conceptual Geometry of Linguistic Meaning [M]. Cambridge: Cambridge University Press, 2014: 1-49.

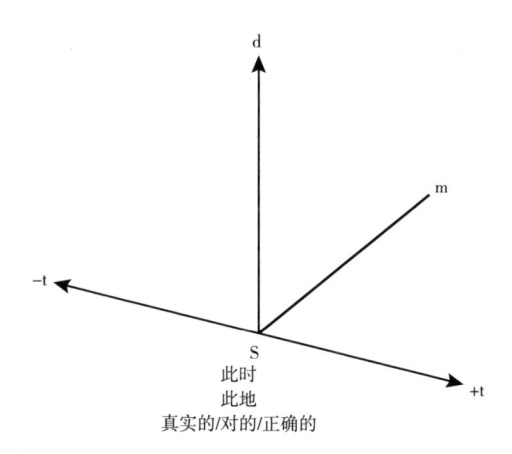

图 2-1 指代空间坐标系（The Fundamental Coordinate Configuration）

资料来源：Chilton P. Language, Space and Mind: The Conceptual Geometry of Linguistic Meaning [M]. Cambridge: Cambridge University Press, 2014: 9, 30-31.

二 趋近化理论

Cap 认为 Chilton 的模型有一定的缺陷，因此在其理论中引入周边实体向指示中心转移的思想，提出了包括时间趋近化、空间趋近化和价值趋近化在内的完整的趋近化理论。趋近化（proximize/proximizing）指的是一种将时空相隔的实体（包括遥远的敌对意识形态）间接、消极地呈现给说话者及听话者的话语策略。说话者的主要目标是将自己提出的政策和行动合法化，从而达到消除外来实体对自己的影响的目的。[1]

---

[1] Cap P. Applying Cognitive Pragmatics to Critical Discourse Studies: A Proximization Analysis of Three Public Space Discourses [J]. Journal of Pragmatics, 2014, 70: 17.

趋近化理论描述了一个包括时间轴（temporal axis）、空间轴（spatial axis）和价值轴（axiological axis）的立体空间，代表了演讲者的认知框架。时间轴是演讲者提到的过去、现在或将来时间。空间轴是演讲者与某个实体的心理距离。演讲者的心理抵触感越强，其离中心位置就越远。价值轴是演讲者的意识形态，演讲者对某一观点越认同，其离中心位置就越近。此认知框架包括指示中心内部（Inside Deictic Center，IDC），即演讲者与听众，以及指示中心外部（Outside Deictic Center，ODC），即对指示中心内部的演讲者与听众造成的威胁。ODC具有趋近化模型的时间、空间和意识形态三种特性。空间趋近化阐释了ODC向IDC进行的由远及近的实际侵袭；时间趋近化指将来或过去时间及意识一起向现在趋近，以营造现在的危难情形，呼吁立即采取防御措施；价值趋近化是指意识形态对实践活动的趋近。

在本章，我们探讨了认知语言学的图形－背景理论、参照系理论、概念隐喻理论、指代空间理论及趋近化理论。这些理论对诠释具象的物理三维空间认知和抽象的几何三维空间认知都具有十分重要的理论意义及应用价值。

第四节 本书的认知框架

基于认知语言学的图形－背景理论、参照系理论、概念隐喻理论、指代空间理论、趋近化理论，我们将构建本书的认知框架，并且希望所构建的认知框架能够很好地解释具象三维空间认知及抽象三维空间认知，诠释汉英两种语言背后隐含的认知机制，探索汉英语言主观性和主观化的演化过程。

一 汉英的三维空间

人的认知源于空间，无论是汉语还是英语，空间概念在语言与思维中均起着重要的作用。本书中的三维空间指的是具象物理三维空间和抽象几何三维空间。具象三维物理空间是由"上/下""前/后""左/右"方位构成的物理空间；抽象几何三维空间是由空间认知、时间认知和状态与社会地位认知抽象而来的，展示了人们的概念空间和动态认知过程。

抽象几何三维空间由坐标原点及三条坐标轴构成的坐标系来表示。坐标系中表示认知注意力及心理距离远近的 d 轴，是以参照系中的物理空间为基础的，所以坐落在其上的实体可以呈现出相应的图形 - 背景或前景 - 背景关系；说话者提到的时间或构想时间 t 轴，是以具体的"前后"水平时间和"上下"垂直时间为基础的；情态/价值 m 轴反映了说话者对于话语内容现实性的主观评价及看法或说话者的意识形态，是以人们对状态和社会地位的认知为基础的。所以，抽象几何三维空间的 d 轴对应第三章的三维空间认知，t 轴对应第四章的时间域认知，m 轴对应第五章的状态域认知和第六章的社会地位域认知。

二 认知框架

基于上述几种认知语言学理论及三维空间分为具象物理三维空间和抽象几何三维空间的启发，我们将构建本书的认知框架。

（一）汉英三维空间认知

"上/下""前/后""左/右"构成了全方位的立体三维空间。人们根据自身经验对这个立体空间进行判断：位置较高的定为"上"，位置较低的定为"下"；面部所对的方向为"前"，反之为"后"；左手边方向为"左"，右手边方向为"右"。在描述的过程中，人们或者以自身为观察点，或者把自身附在物体上进行人格化，改变观察点和参照点，这样就可以对任何物体在空间中的任何位置做出全方位描绘。

汉英三维空间中，拓扑空间方位关系[①]可以根据以物为参照点的图形–背景理论进行诠释，以人（自我）为参照点的参照空间方位关系[②]则以参照系理论进行分析。

---

① Frawley W. Linguistic Semantics [M]. New Jersey: Lawrence Erlbaum Associates, 1992: 250. 在 Frawley 看来，空间方位关系是一个相对的概念。物体的空间方位可以通过空间、物理的标准和原始背景进行判断，即拓扑空间（topological space）方位。在拓扑空间方位关系中，参照物始终是客观的，而观察者则是主观的。拓扑空间方位关系中，物体具有稳定的几何特性，物体与参照物之间的方位也较固定。
② 空间方位意义的表达和构成是以具体物体和人为参照的，所以为参照空间方位关系。

（二）汉英时间域认知

时间是一种非常抽象、非确定的、不能够直接被感知的概念，所以其通常要借助人们熟悉的、具体的空间概念去理解和表达。时间范畴和空间范畴间有系统性的对应关系。[①]

基于用空间隐喻时间的复杂性，为了解决时间认知过程中参照点的选择问题，我们将参照框架（绝对参照系、内在参照系、相对参照系）与 Clark 和 Lakoff & Johnson[②] 提出的"时间移动"（Time Moving）和"自我移动"（Ego Moving）两种时空隐喻系统相结合，来具体阐释"上／下"、"前／后"及"左／右"的汉英时间域认知。重新构建的时间参照框架为绝对参照系和相对参照系两个体系，相对参照系分为以时间为参照点的时间参照系和以自我为参照点的自我参照系（即"时间移动"和"自我移动"）。

据此参照框架，方位词"上／下""前／后""左／右"被放在"绝对时间"和"相对时间"的分类中进行讨论。绝对参照系对应绝对时间，相对参照系对应相对时间。在以时间为参照点的时间参照系中，观察者并不出现，而只是两个相对时间概念进行比较。在水平时间轴上出现的不同事件发生时间会以较早的时间在前、较晚的时间在后的顺序依次排列。在这条轴上现在时间的位置和

[①] Clark H. Space, Time, Semantics and the Child [C]// Moore T E. eds. Cognitive Development and the Acquisition of Language. New York: Academic Press, 1973: 27-63.

[②] Lakoff G, Johnson M. Metaphors We Live By [M]. Chicago: University of Chicago Press, 1980.

观察者并不需要明确标出来，因为它们对事件发生时间的先后顺序的排列和比对没有影响。在以自我为参照点的自我参照系中，动态的相对时间依然以"时间移动"和"自我移动"进行分析。

在传统时空隐喻系统"时间移动"和"自我移动"分类的基础上，结合绝对时间和相对时间的特点，我们构建了新的时间参照框架，如图2-2所示。

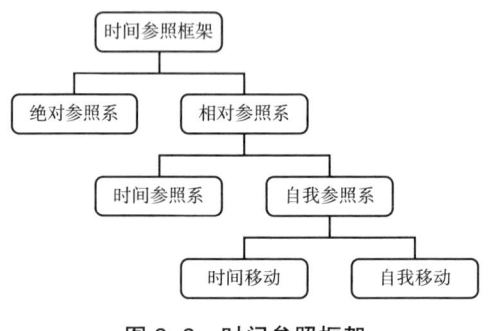

图 2-2 时间参照框架

本书尝试以时间参照框架为理论依据，结合语言与空间认知的研究成果，阐释空间认知在时间域中的拓展，从而揭示人类对时间认知的普遍规律，探寻人类时间认知模式的不同及其文化理据。

（三）汉英状态域、社会地位域认知

人们对于状态域和社会地位域这些抽象概念域的认知源于对空间的认知。空间方位词"上/下""前/后""左/右"可以投射到事物的状态域和社会地位域中，利用状态域和社会地位域与空间方位域的相似性，用具体的方位概念隐喻状态和社会地位概

念。所以,第五章的状态域认知和第六章的社会地位域认知主要运用概念隐喻理论进行诠释。

(四)整合认知

在参照系理论、概念隐喻理论、指代空间理论和趋近化理论的基础上,本书构建出自己的整合认知框架,以指导三维空间语义层面(空间、时间、状态、社会地位)的研究及探讨。

整合认知框架分为两大部分:具象三维空间和抽象三维空间。具象三维空间包括空间及其通过概念隐喻映射的时间、状态和社会地位,抽象三维空间包括空间轴、时间轴、情态/价值轴。具象三维空间中的空间由参照系理论解释,时间、状态和社会地位则由概念隐喻理论解释;抽象三维空间中的逻辑推理空间轴及时间轴由指代空间理论解释,情态/价值轴则由趋近化理论阐释。如图2-3所示。

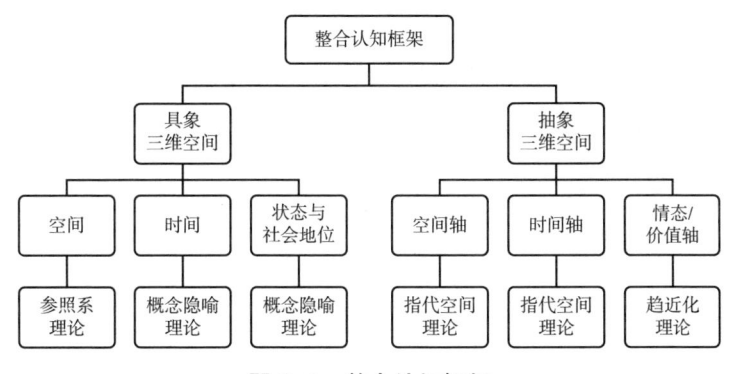

图 2-3 整合认知框架

三维空间认知、时间认知、状态认知、社会地位认知是语义层面（词汇）的认知，没有具体的语境。而语篇层面的认知能完整体现人类的思维模式。语篇是在实际交流过程中，具有具体语境的一系列不间断的句子或语段构成的语言整体。束定芳认为语境有物理语境和心理语境之分。[①] 物理语境的一种是指话语发生的具体场合，如地点、时间、说话者和听话者的身份等；另一种指的是上下文，即已经说过的或将要说的话语。心理语境可以是对具体物理语境的感知，也可以是储存在头脑中的知识系统，主要包括文化背景等相关知识。本书建构的整合认知框架既考虑了物理语境，又兼顾了心理语境，既可以解释物理语境下的"具象三维空间认知"，又可以解释心理语境下的"抽象三维空间认知"，是诠释语义所体现出来的人类具有的共同具象及抽象的三维空间认知能力的理想化认知模型。

　　总之，我们基于国外认知语言学的理论，结合"空间"、"时间"、"状态"及"社会地位"的认知特征，为本书建构了整合认知框架，目的就是清晰地解释汉英两种语言体现出的人们所具有的虽稍有差异但基本相似的具象及抽象的三维空间认知能力，尝试为诠释三维空间认知开辟一条新的研究路径。

---

① 束定芳. 现代语义学[M]. 上海：上海外语教育出版社，2013.

·第三章·

汉英三维空间认知

人类在认识世界、改造世界的过程中，对客观世界中物体之间的空间位置关系有所感知，并逐渐建立了认知模式和判断标准。空间概念与人的身体直接相关，是容易被人类所直接感知的，是人类自出生就开始感知并在一生中不断应用的概念系统。它是人类在认识世界的过程中认知最早的概念。人类通常通过身体体验去感知世界，并由感知形成概念。Lakoff & Johnson 认为空间概念是"用来理解其他概念的基础"[①]。人们在认识世界的过程中对客观世界中物体间的空间位置关系进行不断的感知与识解，"上/下""前/后""左/右"就是人们对纵向垂直和横向水平空间方位的认知。在人们对这些客观的方位关系进行判断与识解

---

① Lakoff G, Johnson M. Metaphors We Live By [M]. Chicago: University of Chicago Press, 1980: 14.

时,语言表征形式反映出了人们不同的认知过程与认知习惯,也不可避免地会受人们的主观意识影响。在这一点上,汉英两种语言也不例外。语言反映思维,因受使用该语言的人思维习惯、认知方式、文化传统等因素的影响,汉英空间方位关系的语言表征既有相似的一面,也有不同的一面。

本章的三维空间即由"上/下""前/后""左/右"构成的全方位的具象立体三维空间。人们根据自身经验对这个立体空间进行判断:头上的方向定为"上",脚下的方向定为"下";面部所对的方向为"前",反之为"后";左手边方向为"左",右手边方向为"右"。在描述的过程中,人们或者以自身为观察点,或者把自身附在物体上进行人格化,改变观察点和参照点,这样就可以对任何物体在空间中的任何位置做出全方位描绘。

本章中的空间关系分析,既会用到空间标记的单语素形式(单纯方位词),也会用到多语素形式(合成方位词)[①]。现代汉语中的"上、下、前、后、左、右"和英语中的介词"at、on、in、from、above、below"等为单语素形式;现代汉语中的单语素形式的前面加上"以""之"或后面加上"边""面""头"和英语中的"in the front of,on the left"等为多语素形式。简单的拓扑空间关系,基本采用单语素形式表达,而复杂的参照空间关系,则采用了多语素形式表达。

---

① 朱德熙在《语法讲义》里将方位词分为单纯方位词和合成方位词两类。"上、下、前、后、左、右"为单纯方位词,单纯方位词加上"边(儿)、面(儿)、头(儿)"等后缀构成合成方位词。朱德熙.语法讲义[M].北京:商务印书馆,1982.

第一节　汉英"上/下"空间认知

　　在线《说文解字》：上，高也；下，底也。在线《古汉语字典》："上"指"上面；位置在高处的"；"下"指"下面；位置较低的处所"。《现代汉语词典（汉英双语）》（2002年增补本）："上"指位置在高处，英文对译为 up、upper；"下"指位置在低处，英文为 down。在古代汉语和现代汉语中，"上/下"的基本义是"上面，位置高/下面，位置低"。而英语中也用了表纵向垂直空间的最基本词语"up/down"。《牛津高阶英汉双解词典》（第六版）首先对 up 的副词词性进行了释义，第一条解释是"adv. towards or in a higher position"，即"副词，向（或在）较高的位置；向上；在上面"。[①] 根据在线词源词典，"up/down"的其他词性及用法均起源于其副词词性及用法。*Merriam Webster*（《韦氏词典》）电子版[②] 也首先对 up 的副词词性进行了释义，第一条是"in or into a higher position or level"[可译为"在（或向）较高的位置或水平面"]。《牛津高阶英汉双解词典》（第六版）首先对 down 的副词词性进行了释义，第一条解释是"adv. to or at a lower place or position"，即"副词，向下；朝下；在

---

① 《牛津高阶英汉双解词典》（第六版）[M]. 北京：商务印书馆，2004。
② *Merriam Webster*（《韦氏词典》）电子版是在美国应用广泛、很受认可的词典，其优点之一就是可以查询词源。

下面"。Merriam Webster 电子版也首先对 down 的副词词性进行了释义，第一条是 "toward or in a lower physical position"［可译为"朝（或在）较低的物理位置"］。可见，无论是在汉语中还是在英语中，"上（up）"和"下（down）"的基本概念都是纯空间概念。

一 汉英"上/下"空间认知

根据"上/下"在古代汉语和现代汉语中的基本义及"up/down"在《牛津高阶英汉双解词典》（第六版）及 Merriam Webster 电子版中的释义，汉英"上/下"均表达了静态空间方位关系，而英语"up/down"也可以表示动态空间的距离关系。汉语"上/下"由空间方位名词演化为趋向动词后，也表达了动态空间方位关系。

（一）汉英"上/下"静态空间

汉英"上/下"可以用来表示静态的空间方位关系。汉语"上/下"的方位意义来源是物体本身的位置高低差。根据图形与背景的空间关系，可将汉语空间方位词"上/下"所代表的静态空间方位关系分为距离关系、接触关系、包容关系三类，而英语"up/down"表示的空间方位关系仅为距离关系。

1. 汉英"上/下"表示距离关系

汉英"上/下"可以表示图形与背景既无接触或连接关系，

也没有支撑和被支撑的关系；两者可以接近，也可相隔较远；这种距离关系可以是垂直距离关系，也可以是非垂直的距离关系。但英语"up/down"还可表示水平距离关系，这是汉语"上/下"所没有的。

（1）"上/下"与"up/down"表垂直距离关系

汉英"上/下"均可表示背景与图形的垂直距离关系，如：

（1）灯悬挂在桌子上方。（英语对译为：A lamp hung over the table.）①

（2）夏天我们经常露宿星空下。（英语对译为：In summer, we often slept under the stars.）

（3）The sun was already up when they set off.（他们出发时太阳已经升起来了。）

（4）The corn is up.（玉米已经长出来了。）

（5）The second house that I grew up in was down.（我从小住的第二所房子倒了。）

在汉语"上/下的"例（1）（2）中，"上""下"不仅表示图形"灯""我们"的位置分别高于和低于背景"桌子"和"星空"，还强调了图形与背景基本保持了纵向的垂直关系，此时与

---

① 在例句选取方面，本书第三章、第四章、第五章及第六章的大部分例句选取自CCL（北京大学中国语言学研究中心）语料库检索系统、BCC（北京语言大学语料库中心）语料库、《牛津高阶英汉双解词典》（第六版）、《现代汉语词典（汉英双语）》（2002年增补本）、有道词典，少部分例句来自其他文学作品和日常积累。

英语中的"over"和"under"也分别形成了对应关系。英语例句中，例（3）中，图形"太阳"处于背景"地平线"以上的位置；例（4）中，图形"玉米"从地下长到了背景"地面"以上的位置；例（5）中，图形"房子"是由上而下倒在了背景"地面"上。无论是"日出"和"玉米破土长出"，还是"房子倒塌"，均展现了静态空间的垂直距离关系。

（2）"上/下"表非垂直距离关系与"up/down"表倾斜距离关系

汉语"上/下"有时表示的距离关系为背景和图形的非垂直距离关系，如：

（6）我们的办公室在理发店的楼上。（英语对译为：Our office is above the hairdresser's.）

（7）他们住在下一层楼。（英语对译为：They live on the floor below.）

例（6）中，图形"办公室"的位置高于背景"理发店"，但不是垂直的"正上方"，英语用"above"表示；例（7）中，"他们"住的房间也不是处于"正下方"的，英语为"below"。

与汉语"上/下"表示的非垂直距离关系稍有不同，英语"up/down"的非垂直距离关系表现为倾斜距离关系，通常是图形位于向上或向下的倾斜路径上，如：

（8）About halfway up the small hill, Obama stopped and realized that something was missing.（当走到小山坡一半的时候，奥巴马意识到什么东西丢了就停了下来。）

（9）There is a village a mile down the mountain from here.（从这沿山而下一英里处有个村庄。）

两个例句中的"山坡"和"沿山而下的地方"均位于倾斜的路径上，此时的 up 和 down 更多强调向上或向下的趋向，而非垂直的高低关系，是倾斜距离关系。

（3）"up/down"表示水平距离关系

英语"up/down"也可由原义"处于（或向）一个较高或较低的物理位置"延展到"表示朝一个方向或接近末端"[①]，即表示水平距离关系，如：

（10）The village is further up the valley.（村庄在山谷的更深处。）

（11）He lives just down the street.（他住在街那头。）

例句中的"山谷的更深处"和"街那头"表现的是图形"村庄""他"与背景"山谷""街"的水平距离关系。此时，up 和 down 表示的距离关系已由垂直距离向水平距离拓展。

---

① *Merriam Webster* 电子版中的释义为"in a direction regarded as being toward or near the upper end or part of"。

值得注意的是，down 在静态空间中可以表示二维"面"的概念，此时 down 为"（写）在纸上，（列）在表格上"，即"on a paper; on a list"，如 Did you get that down?（你写下来了吗？）这是英语中空间平面化的一个典型用法。

汉语"上/下"并没有这种水平距离关系的用法。

2. 汉语"上/下"表示接触关系

（1）点、线、面三种接触关系

汉语"上/下"的原始方位意义源于其原义"位置在高处/位置在低处"，表示"附着于物体外表面或位于表面之上""附着于物体下表面或位于表面之下"的表面接触，即表示图形和背景部分或完全相互触及、连接或重合，但英语"up/down"没有此用法，如：

（1）院子很小，靠着南墙根有棵半大的小枣树，树尖上挂着十几个半红的枣儿。

（2）一位提供消息的人说，烧穿点可能位于火箭的第三和第四部分之间的焊接点上。

（3）一群鸟落在窗台上。

（4）墙上贴着标语。

（5）希奥娜在被单下瑟瑟发抖。

以上例句分别是"上/下"表示的点、线（一维空间）、面（二维空间）三种接触关系，如图3-1所示。例（1）和例（2）

中，图形"枣儿"与"烧穿点"分别位于背景"树尖"和"焊接点"的位置上，并与之形成点的接触关系；例（3）中，图形"鸟"位于背景"窗台"的位置之上，并形成一维线的接触关系；例（4）和例（5）中，图形"标语""希奥娜"分别位于背景"墙""被单"上、下，并与之形成二维面的接触关系。

图 3-1　接触关系

图 3-1 表示的是汉语方位词"上/下"的接触关系，即点接触、线接触及面接触关系。这种接触关系不会受观察者的视角点影响，是纯空间位置关系中的拓扑空间方位关系。

而在参照空间接触关系的识解过程中，有观察者的参与，描述的语言的选择受观察者的主观选择倾向影响。图 3-2 表示的是"上/下"参照空间的接触关系。

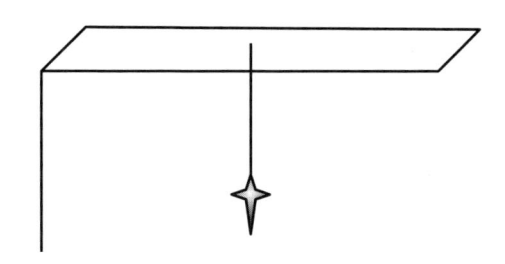

图 3-2　参照空间的接触关系

（6）空蛋壳被染上色彩，到了复活节那一周，就被挂在树上。

（7）收成的时候，我们把玉米一捆一捆扎起来，吊在树上，我们就是这样储存玉米的。

例（6）（7）中的参照物是观察者自身。因为观察者在低处，客体图形在高处，对于观察者来说，客体位于自身之上，所以会有"树上"的说法。因为观察者会主观构建出平面（背景）+线（图形自身一部分）+面（图形自身主体部分）的二维体系，即图形的"面"通过图形的"线"依附于背景，形成一个整体，这就会被描述成图形在背景之"上"，以表征图形与背景的接触关系。在这种情况下，观察者以自身为参照点，将"树枝"视为一个平面，将自己关注的那个平面视为"上"。

（2）接触关系中"上/下"表达相同的位置关系

不同类型参照物的选择，会赋予不同场景中的方位词"上/下"不同的含义。有时"上/下"甚至可以表示相同的位置关系。如：

（8）天花板上有只苍蝇。

（9）天花板下有一个投影仪。

两个例句中所表达的位置关系是一样的，但两个例句中的参照物不同，所以分别用了"上""下"两个不同的词。例（8）以观察者自身为参照点，"苍蝇"处于观察者上方的位置；例（9）

中的主体"天花板"是参照物，客体"投影仪"处于"天花板"下方的位置。这是由于人们常把眼睛所能看到的一面作为正面，虽然"玉米"和"投影仪"在汉语中都是位于"树"和"天花板"的下表面上，但仍然被看成正面。这也显示了语言表征具有极强的主观性。这正如 Langacker 所认为的：在某一情景中，虽然把一个实体选择为"图形"是由某些客观特性促成的，但是图形-背景关系并不是情景中固有不变的，而是人的识解结果。[1]

（3）表"附着"义的接触关系通常用"上"表示

当表示接触关系不强调上下位置而强调"附着"意义时，汉语里通常用"上"，极少用"下"。如穿在脚上、写在纸上、长在手上等没有对称的表达法，不能说穿在脚下、写在纸下、长在手下。在观察者的认知活动中，以自身为参照点，而将眼睛所能看到的"脚""纸""手"等的部分视为一个二维平面，这也表现出了较强的主观性。如：

（10）他们将补过的旧鞋穿在脚上，把旧衣服穿在身上。

（11）你得把它实实在在地写下来，就写在纸上。

在"上/下"空间概念的认知过程中，"下"的概念更加依赖于"上"的概念，这是由于人们在主观经验认知中，就垂直层面而言，"上"更具"凸显性"，人们更加倾向于先去认知"上"的

---

[1] Langacker R W. Foundations of Cognitive Grammar. Vol. 2 [M]. Stanford, California: Stanford University Press, 1991: 308.

概念。

在"上/下"参照空间方位关系中,汉语体现出了视角点的变化及"凸显性"影响着人们对语言的主观性选择。"上/下"的空间方位关系的确立需要参照物位置的对比,所以参照物的选择对空间方位关系至关重要。内在参照系中,参照物之间是主体和客体的关系。然而,有时观察者也可以充当参照物,从而形成了相对空间关系。因为观察者的视角点不同会引起相对空间关系的变化,所以其具有非常强的主观性。

3. 汉语"上/下"表示包容关系

"上/下"可以表示图形被包容于背景范围之内,即构成三维立体的空间包含关系,英语"up/down"无此用法。

(1)公交车上坐着很多乘客。

(2)墙上有个小洞。

(3)有一个少年人,名叫犹推古,坐在窗台上,困倦沉睡。

(4)雄鹰在天上翱翔。

(5)他给他们降下冰雹为雨,在他们的地上降下火焰。

(6)那条船沉在水下好几英尺处。

以上例句表现"上/下"的三维空间包容关系,如图3-3所示,A代表例(1),B代表例(2),C代表例(3),D代表例(4),E代表例(5),F代表例(6)。

图 3-3　表示包容关系

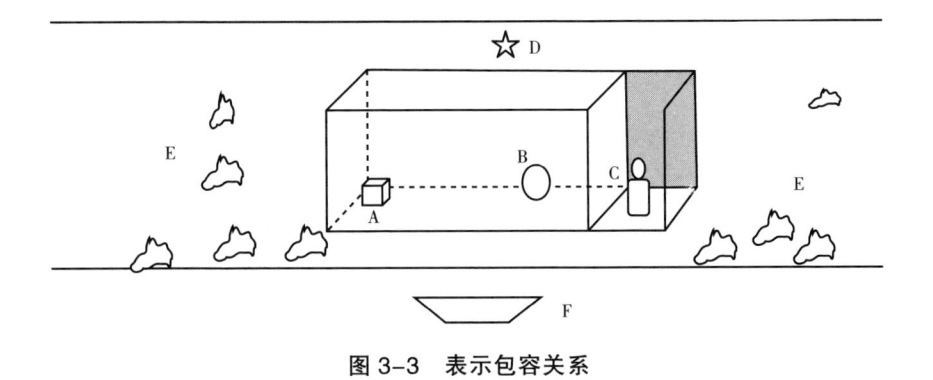

上述例句中的"上/下"表达的概念和"里"有相同之处。葛婷认为面（平面）与体（容体）是汉语"上"与"里"的主要不同之处。[①]"上"强调开放空间和平面概念，而"里"则强调封闭空间和容器概念。但由于"里"的封闭性强弱不同，在物理空间中，当界标具有［＋底面］、［＋三维］和［＋侧面］的语义特征时，"上"与"里"的语义发生重叠，如交通工具汽车、火车、飞机等。选用汉语"上"还是"里"在于观察者是侧重二维的"平面"还是三维的"容器"视角点选择，如例（1）中的"公交车上"与"公交车里"、例（2）中的"墙上"与"墙里"[②]、例（4）中的"天上"与"天空中"是可以互换的。例（3）中的"窗台"就是在表达具有"底面"、"三维"和"侧面"的空间概念，所以此时的"上"就有"里"的含义。例（5）中的"地上"强调了地面以上被大火笼罩的空间概念，观察者的视角点侧重三维。例（6）中的"水下"指的是图形"船"完全被水淹没，沉

---

① 葛婷．"X上"和"X里"的认知分析[J]．暨南大学华文学院学报，2004(1): 59-68．
② 意为"墙里有个小洞"。

在水里，也即处于背景"水"的立体三维包容之中的位置。

Clark 通过实验得出结论，两个实体 A 和 B，如果 A 有承受面，那么 B 在 A 的上面，如果 A 是容器，那么 B 在 A 的里面，前一种情况应该使用介词"on（上）"，而后一种情况应该使用介词"in（里）"。[①] 对具体的交通工具而言，我们不难发现，火车、汽车、飞机等不仅具备"容器"的物理属性，而且具备"承受面"的属性。从交通工具的功能特性来看，其最突出的作用就是在"承受面"上运载乘客或物品，承受面特征处于凸显地位，而其容器特征就没有承受面特征那样显著，处于非凸显地位。由于交通工具"面"特征的凸显，在汉语中用"上"来表示其与装载物的包容关系。当人们要强调交通工具的容器特征时，也可以用"里"来表示这种包容关系。所以，汉语方位词的隐喻化功能在交通工具等三维物理空间层面得到体现，结果是将三维物理空间的承受面特征置于凸显地位。

以上汉英"上/下"所表示的静态空间方位关系中，距离关系最为典型，其次为汉语"上/下"的接触关系和包容关系。这是因为距离关系最能体现汉英基本义中的"上下"关系；汉语"上/下"接触关系所体现的"上下"关系已经相对弱化，体现出了点、线、面接触关系；而汉语"上/下"包容关系体现的既有"上下关系"也有"里外关系"，汉语用"上/下"表达立体包含的"里"，这已经是主观化的概念了。

---

① Clark E. How Children Describe Time and Order [C]//Ferguson C A, Slobin D. eds. Studies of the Child Language Development. New York: Holt, Rinehart and Winston, 1973: 585-606.

（二）汉英"上/下"动态空间

1. 汉英"上/下"动态空间

汉英"上/下"还可以表示动态空间方位关系。汉语"上/下"做动词时表示"动作的空间位置变化"，此时依然没有脱离其最基本的意义，即"上"表方位，指高处，"下"表方位，指底部。动词"上"表示"由低处到高处"，"下"表示"由高处到低处"。英语"up/down"表示"向较高/较低的位置或水平面"时，根据图形与背景的空间方位关系，"up/down"所表示的是动态空间方位关系。此时，作为副词或介词的"up"和"down"总是与动词搭配出现。汉英动态空间方位关系依然为距离关系，分为垂直距离关系、非垂直距离关系和水平距离关系。

（1）汉英同表垂直距离关系与非垂直距离关系

汉语"上/下"做动词时表示"动作的空间位置变化"，即动词"上"表示"由低处到高处"，"下"表示"由高处到低处"。这种"由低到高"和"由高到低"既可以为垂直距离关系，也可为非垂直距离关系。

（1）狗于是又下山，上山；一次又一次地重复着，直到两边的号角都不再吹响。

（2）后来闪电逐渐开始跟着山姆，上楼、下楼、进厨房瞧他吃东西、进起居室看他睡觉。

（3）小船借着风在后面的推动，顺流而下。

汉语例（1）（2）中，图形"狗""闪电"分别沿着路径在背景"山"和"楼"上由低向高或由高向低运动。例（3）中的图形为"小船"，背景则为"水面"，图形沿路径在背景上由高处向低处运动。"上楼"与"下楼"的路径及"山"和"水面"的路径是倾斜的。

英语"up/down"也可以表示这两种垂直与非垂直的距离关系，此时与汉语的"上／下"相对应。

（4）He jumped up from his chair.（他从椅子上跳起来。）

（5）His feet flew up off the ground.（他的双脚飞离了地面。）

（6）Don't look down.（不要向下看。）

英语例（4）（5）（6）中的"由上向下跳"、"由下向上飞"和"由上向下看"表示的基本是图形与背景的动态空间垂直距离关系。

（7）The stone rolled down the hill.（石头滚下山坡。）

（8）The ship sailed up the Rhine.（船沿莱茵河逆流而上。）

英语例（7）（8）中，石头"滚下上坡"的路径和船"逆流而上"的路径基本是倾斜的路径，此类背景通常会是斜坡、河流、山脉或与之类似的东西。

从以上例句可以看出，做动词时的汉语"上／下"在表示基本义"由低处到高处"和"由高处到低处"时，完全与英语"上位"系列词中的"up"和"下位"系列词中的"down"相对应。只是在英语中，方位词的作用相对弱化，仅表位置高低和趋向，具体动作则由动词来表示。

（2）"up/down"表示水平距离关系

英语"up/down"还可以表示水平距离关系，而汉语"上／下"并没有此种用法，如：

（1）He doesn't come up to the desk straight away , but gives me a nod and starts looking at the flowers.（他没有直接向书桌那儿走去，而是向我点了点头，就开始看那些花了。）

（2）Go down the road till you reach the traffic lights.（沿着这条路一直走到红绿灯处。）

（3）She was pacing up and down in front of her desk.（她在办公桌前踱来踱去。）

例（1）中的"up"和例（2）中的"down"都是图形沿着一定的路径朝一个方向移动。例（3）中的"up and down"是指图形"她"沿着路径朝着一个方向走过去，然后再调头朝反方向继续走动。这种动态水平距离关系基本可以用英语介词"along"来表示，是三维空间中一维"线"的概念。

二 汉英"上/下"静态空间与动态空间认知对比

汉英"上/下"空间认知对比可以归纳为表 3-1。

表 3-1 汉英"上/下"空间认知对比

状态	类别	关系	上	up	下	down
静态空间	距离关系	垂直距离	√	√	√	√
		非垂直距离	√	√	√	√
		平行距离	×	√	×	√
	接触关系	点接触	√	×	√	×
		线接触	√	×	√	×
		面接触	√	×	√	×
		附着（参照空间）	√	×	×	×
	包容关系		√	×	√	×
动态空间	距离关系	垂直距离	√	√	√	√
		非垂直距离	√	√	√	√
		平行距离	×	√	×	√

注：√表示可以表达此种空间方位关系，×表示不可以表达此种空间方位关系。

通过表 3-1 及上文的对比分析可以看出，汉语的方位词"上/下"表达的空间方位关系比英语"up/down"更为丰富。汉语"上/下"可以表示接触和包容关系，即表达点、线（一维）、面（二维）、体（三维）的位置关系，而英语"up/down"均不能表达，但英语"up/down"表平行距离关系的用法在汉语"上/下"中不存在。在表参照空间关系上，汉语"上/下"用法存在不对称的现象，"上"可以表附着关系，而"下"却没有此用法。

第一，在静态空间中，汉语"上/下"，并不仅仅表示空间位置的上下距离关系，还有着广泛的语义外延。在表达同类"上/下"方位概念时，汉语并不做具体的空间维度区分，人们习惯于"面"（二维）的认知模式，即通常侧重背景的二维平面而忽略其"点"、"线"或"体"特征，所以在表达具体方位关系时，汉语的语义负担较重、空间概念覆盖范围较广。

第二，在静态空间内，图形与背景点、线、面、体或点、线、面、体之外的空间范围形成距离、接触或包容关系，构成了拓扑意义的"上/下"。距离关系最能体现汉英基本义中的"上下"关系，汉英语言表征最具客观性，但汉语的"上/下"和英语的"up/down"并没有形成完全互相对应的关系。汉语"上/下"并不能如英语"up/down"那样表达水平距离关系；汉语"上/下"接触关系所体现的"上下"关系已经相对弱化；而汉语"上/下"包容关系体现的既有"上下关系"也有"里外关系"，汉语用"上/下"表达立体包含的"里"，这已经是主观化的概念了。在参照空间的附着关系中，汉语"上"体现出了视角点的变化及"凸显性"影响着人们对语言的主观性选择。

第三，在动态空间方位关系中，汉英"上/下"在垂直距离和非垂直距离关系的表达上基本对应，但英语"up/down"还可以表达水平距离关系。汉语是先注意到图形和背景的位置关系，然后才注意到动作本身；而英语则更加关注动词，即先关注动作，再考虑动作进行的场所。汉语动态空间中的"上/下"表示具体动作，英语的对应表达都分别用了"表示具体动作的动词+up/down"。

第四，就汉语内部而言，方位词"上"所表达的语义范围比"下"更为广泛，如在表达静态空间的附着关系时，汉语中只用"上"而不用"下"，其原因是语言"凸显性"及"经济性原则"的共同作用。

从以上四点可以看出，汉语的方位词"上／下"在表达空间方位关系时，语义外延比较丰富、语义负担较重，而英语"up/down"则语义范围相对较窄、表达更为具体；汉英两种语言均表现出了一定的认知主观性，但汉语方位词"上／下"在空间方位关系语言表征上可能要比英语更抽象、更具主观性。

第二节　汉英"前／后"空间认知

"前／后"方位是一种人们对自身和物体的空间关系的基本认识，代表了相对水平方向上的一维线性空间方位关系。汉英两种语言对"前""后"方位的判断均是以人的身体经验为认知基础的。对于汉英"前／后"空间认知可以从拓扑空间和参照空间两方面进行分析。

一　汉英"前／后"拓扑空间

在线《说文解字》中，"前"写作"歬"，释义为"歬，不行而进谓之歬。从止在舟上"。也就是说，不用走路却能进，叫作"前"。许慎对字形采用"止、舟"会义，表示双脚站在船上不动。其本义是"朝所面对的方向向前进"，是动词。《现代汉语词典（汉英双语）》（2002年增补本）：前，指在正面的（指空间，跟"后"相对），如前门、村前。《说文解字·彳部》："後，迟也。从彳幺夂者，後也。幺者小也。小而行迟。"行迟是走得慢，表"走在后边"或"落在后面"的意思，为动词（"後"今为"后"）。《现代汉语词典（汉英双语）》（2002年增补本）：后（後），指在背面的（指空间，跟"前"相对），如后门、村后。

由此可见，汉语"前/后"在在线《说文解字》中的基本义与其在《现代汉语词典（汉英双语）》（2002年增补本）中的方位义基本上是一致的，都是以人或物体面对着的方向为"前"，以背对着的方向为"后"，如：

（1）可那个女人就那样蹲在乞丐的面前，任由那脏手去掏她贴身的腰包。

（2）房子前后都是果树。

例（1）中的"女人"是图形，"乞丐"是背景，"乞丐"所面对的方向为其前面，图形位于背景的面部所对的方向，即前面。汉语"前"与英语"in front of"在表达"面前"的方位概念时正好相对应。例（2）中的背景"房子"的正门方向为"前"，反之为"后"，即由正门方向旋转180度即"后"，图形"果树"分别位于背景前、后区域。

在英语中，表示方位"前/后"用了表水平方向的最基本词语"front/back"。在线词源词典中，"front/back"的其他词性及用法均起源于其名词词性及用法。*Merriam Webster* 电子版首先对 front 的名词词性进行了释义，"forehead; also: the whole face"（"前额；面部"）；对 back 的释义也是从名词词性开始的，与 front 相对应的解释是"the rear part of the human body especially from the neck to the end of the spine"（"后背"）。《牛津高阶英汉双解词典》（第六版）对 front 的释义为"the part of sb's body that faces forward; sb's chest"（身体前部；胸部）；对 back 的释义为"the part of human body that is on the opposite side to the chest, between the neck and the tops of the legs; the part of an animal's body that corresponds to this"（人或动物的背部，背；腰背）。综合两部字典对"front/back"的释义，可以得出其基本义为"人的身体及脸的正面/背部"，又引申到动物及其他物体上，如：

（3）I spilled coffee down my front.（我把咖啡溅到了前襟上。）

（4）A small boy rode on the elephant's back.（一个小男孩骑在大象背上。）

（5）Write your name on the back of the cheque.（把你的名字写在支票背面。）

例（3）中，与汉语"前"不同，"front"表示身体正面部位

"前襟"。例（4）、例（5）中的"back"与汉语"后"基本相同，表示"背面"或"背后"。

英语"front"还指"（物体或某一空间的）前方，靠近前部的位置"，"back"则指"（物体或某一空间的）后方，靠近后部的位置"，此用法与汉语"前/后"一致，如：

（6）Write your name in the front of the book.（在前面的书页写上你的名字。）

（7）We could only get seats at the back of the room.（我们只能找到后排的座位。）

（8）In front of the new building there are two gardens in which there are flowers of all colours.（新楼的前面有两个花园；园里的鲜花五颜六色。）

以上汉英"前/后"所表达的空间方位关系是不受人的视角点影响的纯空间概念，是拓扑空间方位关系。但英语在表达前后空间概念时较汉语更为具体，对空间维度有具体的区分，如"in front of"中用"in"表达了三维的空间概念，"at the back"中的"at"则表达了范围较小的点概念。

二　汉英"前/后"参照空间

从汉英"前/后"表方位意义的来源看，"前"和"后"是与人的活动及人体自身有关的，或者说，其方位意义的表达和构成是以具体物体和人为参照的，所以其也表示参照空间方位关系。

（一）汉英"前/后"内在参照空间

内在参照系是一种以物体为中心的坐标系，坐标是由作为主体的背景或被关联的物体的内在方位所决定的。背景或被关联物体的方位和角度一旦被确定，就可以判断出图形所处的空间位置。

1.（人或物体的）"正面"所对方位为"前"，反之为"后"

人的面部是人进行信息接收和传达信息的核心部位。人的喜、怒、哀、乐等重要的情绪信息都是通过面部表情表达的。人每天通过五种感官向大脑传送外部信息，其中大部分信息是通过人的眼睛获取的。眼睛是心灵的窗户，人不仅能靠眼睛获取信息，还能靠眼神发送信息。既然面部如此重要，人们就把"面"与视觉相联系，并将此作为区分自己身体的"前/后"方位的主要参照点之一，面部所对方位为"前"，反之为"后"。如：

（1）"我没有什么不放心的，"他说着，眼睛直盯着前方。

（2）那些把灯背在背上的人，把他们的影子投到了自己前面。

（3）26岁的威尔说："这只粉红色的小河马要比其他的河马要小，他总是躲在妈妈的后面。"

英语"front/back"也有此种用法，如：

（4）Keep your eyes to the front and walk straight ahead.（两眼看着正前方一直往前走。）

（5）I am just going to walk away and not look back.（我要一直走，一下也不回头看。）

例（1）中，"眼睛"盯着的是面部的前方；例（2）中，"影子"位于面部前面的方位，即身体的前面，例（3）中则正好与之相反，为"后"。英语例（4）和例（5）则与汉语"前/后"的判断标准与表达一致。例（4）中的"front"为"前方"，与副词"straight"（"笔直地"）搭配在一起表达了"正前方"的含义；例（5）中的"back"为身体背部所对的方向，"look back"为"向身后看"，即汉语的习惯表达"回头看"。

基于人的自身身体体验，人们把具有类似于人面部的"面"的物体（如电视、电脑、沙发、带抽屉的书桌等）的"正面"方位视为"前"，把与之相反的一面视为"后"，如：

（6）单身汉最具标志性的行为就是在电视前吃东西：早餐，午餐，晚餐。

（7）人们奉献食物、花朵和死者喜爱之物，然后焚香、燃烧纸钱，在墓碑前鞠躬。

（8）"我烧了它。"明美轻声说着，躲到沙发后面。

（9）He drags himself to work, and puts in nine hours in front of the computer and with clients.（他拖着疲乏的身子来到公司，然后坐在电脑前一待就是9个小时。）

（10）She wanted to sit in the front of the bus, not in the back.（她坐在公共汽车的前面，而不是坐在后面。）

在以上例句中作为背景的物体也与人一样具有前后之分。例（6）中的"电视"以电视屏幕一面为"前"，反之为"后"；例（7）中的"墓碑"以应该刻有碑文的一面为"前"，反之为"后"；例（9）中的"computer（电脑）"以电脑屏幕的一面为"前"，反之为"后"；例（10）中的"bus（公共汽车）"则以车头方向为"前"，反之为"后"。在这里，英语用"front"表示汉语的"前"，用"back"表示汉语的"后"。

2.（物体或建筑物的）"主要出入口"方位为"前"，反之为"后"

由于吃喝、呼吸、说话等身体体验的基础，人们通常将自身看作具有"口"的三维容器，因为容器必然具有开口的面和封闭的面。在人们的认知中，在前后水平方向上，"前"为有出入口的方位，"后"则为没有出入口的方位。人们通常会把通过自身身体体验获取的认知投射到身体以外的物体上，所以，在描述空间方位关系时，总是把类似具有容器特征"口"的物体看作参照物，即背景，把有"主要出入口"一面的方位和"封闭"一面的方位当作判断"前""后"方位关系的重要依据。如：

第三章　汉英三维空间认知

（1）校园的前面耸立着一栋很高的教学楼，它的后面是实验楼。

（2）在星期天西部决赛第三场中湖人103-84不敌马刺后，奥多姆站在他的柜子前发愣。

（3）锅的手柄要在炉子后方。

（4）Before long, a truck stopped in front of her house.（没多久一辆大卡车停在她的房前。）

（5）All we have left are two small rooms at the back of the hotel.（我们现在还剩两个宾馆后面的小间。）

（6）There are fruit trees in front and behind of the house.（房子前后都是果树。）

例（1）中的背景"校园"也是具有出入口"门"的，图形"教学楼"则位于靠近"校园"正门的位置。例（2）中的"柜子"是具有"口"的三维容器，其柜门一侧为"出入口"的方位，所以图形"奥多姆"站在背景"柜子"的柜门前面。例（3）中的背景"炉子"是具有用于进风和出炭灰的"出入口"的容器，因此图形"手柄"位于炉子"出入口"背面的那一侧。例（4）中的背景"house（房子）"是具有出入口"门"的建筑物，而有出入口的方位为"前"，说明图形"大卡车"停在房子有门一侧的前面。在现代，很多建筑物两侧甚至是四侧都有门，人们以正门的一侧为"前"的判断标准。例（5）中，背景"hotel（宾馆）"是具有出入口"门"的建筑，那么靠近正门的区域通常被视为"前面"，反之为"后面"，所以图形"房间"处于远离宾馆正门的区域。例（6）的判断与例（4）同。

值得注意的是，英语中的"back"指"事物或空间内部的后面"，而要表达"事物或空间外部的后面"则用 behind，[①] 如：

（7）My home lies behind the school.（我家就在学校后。）

例句中的"后"是指校园外部的后面。

3.（空间的）主要功能指向区域为"前"，反之为"后"

人们在确定功能性空间内的"前""后"时，往往会以此空间内的主要功能指向区域为"前"，而眼睛所对方位也恰恰为"前"。比如教室里的讲台或黑板、表演场上的舞台等可以被认为是这个区域的"焦点"，离焦点近的位置为"前"，离焦点远的则为"后"。如：

（1）对于一个正在教室前面写板书的老师来说是有困难的。

（2）下院中前排座后面的两排座位，普通议员在此

[①] 《牛津高阶英汉双解词典》（第六版）对"back"的解释为"the part or area of sth that is furthest from the front"，即（属于某事物自身一部分的）后面、后部、末尾。也对 at the back 和 behind 的用法做了区分，明确指出"behind"是不属于其中部分的后面。牛津高阶英汉双解词典（第六版）[M].北京：商务印书馆，2004：104-105.

就座。

（3）The floor of the theater has a slope of three feet from the back seats to the front seats.（这家剧院的地板从后排座位到前排座位有三英尺的坡度。）

（4）Stern and Deputy Commissioner Adam Silver were sitting in the back of the room as the union held a brief news conference at 10 p.m.（晚上10点，工会举行了一个简短的新闻发布会，当时斯特恩和代理委员亚当·席尔瓦坐在房间的后面。）

汉语例（1）中，"教室"为教师授课、学生听讲和学习之所，所以黑板和讲台就是主要功能区，靠近此区域的为"前"，反之为"后"。汉语例（2）中，"下院"，即英国的下议院，为议长和副议长主持，众议员主要议事、辩论、进行投票之所。主持的议长和副议长在议院厅内有专门的席位，位置在议院厅的正前方。那么议长和副议长的座位便是议院厅的主要功能指向区域，所以"前排座"即靠近两位议长席位的座位。英语例（3）中，"theater（剧院）"为演员表演、观众看剧之所，那么表演所用的舞台就是众目所向的主要功能区，"the front seats（前排座位）"即接近舞台的座位；例（4）中，"the room（会议室房间）"的主要功能区为发布新闻的位置，反之为"后"。可见，汉英两种语言对以主要功能指向区域为"前"，反之为"后"的认知是一致的。

4. 靠近物体边缘的开放区域为"前"

在现实世界中，有些静态物体并不具备明显的"出入口"和"面"的特征。但基于清晰描述空间方位关系的需要，人们根据生活体验，依然会给物体划出一个隐形的出入口或面，即靠近物体边缘、人们可以自由移动的开放区域，此区域为"前"。如：

（1）无论是一家人围坐在饭桌前，还是国家级领导人围坐在会议桌前，他们的目的是一样的——追求和平。

（2）The nurse watched in front of the sick man's bed for many nights.（护士在这病人床前守候好几夜了。）

例（1）中，无论是"饭桌"还是"会议桌"，都有开放的、靠近其边缘的区域。在此区域中，人们可以围坐，也可以自由移动，那么此区域就被视为"桌前"。例（2）中，"bed（床）"本身没有明显的前后之分的参照点，"in front of the bed（床前）"是指靠近床没有靠墙（边缘）的开放区域，此区域允许人们自由上下床。它有可能是靠近床的一侧，也可能是两侧，甚至是三侧边缘的区域。英语用了表"前面"的"front"，与汉语用法一致。

5. 汉语（人或物体）的行进方向为"前"，反之为"后"

人们在判断"前""后"方位时，静态时基本以人面部、物体"出入口"或"正面"为参照标准。在判断动态物体的"前""后"方位时，人们判断的标准依然是基于人体的自身体验。当人们处于运动状态时，无论处于何种空间方位，人的面部朝向依然是人体自身方位的"前"。而人的面部朝向也是人体运动的方向，也就是说此时以人体运动方向为"前"的判断标准成立。由此，人们在对运动物体方位进行判断时便参照了人体运动方向的判断标准，无论运动物体是否具有"出入口"或"正面"，人们均以其正常的行进方向为"前"，反之为"后"。如：

（1）一种游泳姿势，游泳者侧身向前游，胳膊交替向前、向下划水，同时进行两腿交叉蹬出。

（2）他向后一跳，仿佛被什么东西蜇了一下似的，他那张布满皱纹的脸顿时涨得通红。

（3）I stepped back to let them pass.（我退后一步给他们让路。）

以上例句均是关于动态运动中的"前/后"。无论是有生命的人，还是无生命的物体，因为都具有运动条件，人们便以"运动行进的朝向为前"的标准来判断其运动方向。游泳者游泳的方向被视为"前"，人向背对的方向跳跃为"后"。但在英语中，虽然对运动行进朝向的前后判断标准与汉语同，但"front"却没有此用法，而"back"是可以的，如例（3）中的"stepped back（退后）"，英语中常用"forward（s）"来表达此概念，如：

（4）He took two steps forward.（他向前走了两步。）

上述汉英五种类型的"前/后（front/back）"方位均是根据客体自身来确定的。这种方位的确定是不受观察主体所在方位影响的，是固定不变的。观察主体位置、朝向的变动并不影响客体自身"前/后"方位的划分。只是当客体为物时，客体的"前/后"方位的确定经历了以人自身身体体验为基础的主观化过程，此时，汉语"前/后"与英语"front/back"对于内在参照空间的语言表征基本是相同的，因为二者对内在参照空间的判断标准是一致的，均来自自身身体体验，均是主观化了的客观空间方位。

（二）汉英"前/后"相对参照空间

在相对参照空间中，"前/后"方位的确定有其复杂的一面，即观察主体和参照点的选择影响"前""后"的定位。在空间场景中，观察者把自己身体的方位投射到目标场景中，"自我"成为中心位置，自我中心轴被（身体位置的前、后、左、右）投射到背景物体上，成为一个确定方位的并列参照系，如：

（1）孩子们沿着海岸线蹲在礁石和树丛后面。
（2）The bike is in front of the tree.（自行车在树的前面。）

例（1）中的观察者与图形"孩子们"分别位于背景"礁石"和"树丛"的两侧，观察者的一侧为"前"，孩子们的一侧为"后"；例（2）中，图形"bike（自行车）"位于观察者与背景"tree（树）"之间，也就是与观察者同向。通过把观察者在平面上的坐标映射到背景"tree（树）"上，背景"tree（树）"就有了"前面"，图形"bike（自行车）"的位置也就确定了下来。在这个参照框架里，坐标上的起源点是观察者自身（ego），视觉因素与转换映射构成了相对参照系。观察者自身的方位是确定图形"自行车"的位置的决定因素，因为"bike（自行车）"与观察者同向，所以同向的方位即背景"tree（树）"的"前"。

对于汉英两个例句中空间方位的判断还有另外一种情况：在相对参照框架内，把观察者平面上的坐标映射到背景平面上，然后进行180度旋转，则该坐标的映射与原来相反。例（2）中，通过坐标旋转，"bike（自行车）"与"tree（树）"的图形和背景位置互换，即"tree（树）"为图形，其在平面上的坐标映射到作为背景的观察者上，则参照点即作为背景的观察者。此时，观察者面对的方向为前，所以语言描述变为"The bike is behind the tree.（自行车在树的后面。）"。同理，例（1）的表述也可变为："孩子们沿着海岸线蹲在礁石和树丛前面。"但应该注意的是，相对参照空间中的"back"依然没有表示"（外部的）后面"的用法，英语常用"behind"来表示"（外部的）后面"。

方经民认为空间方位描述包括视点、参照点、方位域、方位词和其中的客体这几个要素。[①] 参照点和视角点对描述空间方位的语言表述起着直接影响的作用。说话者可以通过选择不同的视角点对客体的空间方位进行描述，当选择了以观察者自身为基准

---

① 方经民. 现代汉语方位参照聚合类型 [J]. 语言研究, 1987(2): 52-60.

的参照框架时，这就是以自我为中心的定向方法。就例（2）中的"bike（自行车）"和"tree（树）"之间的方位关系而言，"tree（树）"自身没有前后之分，而是说话者主观地将自己所面对的树的方位视为"front（前面）"，但当观察者的视角点发生改变后，"tree（树）"则处于"bike（自行车）"与观察者之间，树的"front（前面）"成了树的"behind（后面）"。

无论是汉语还是英语，"前""后"方位的判定有时都取决于观察者在不同语言环境中视角点的选择，视角点的转换会带来对空间方位的不同识解。如：

（3）从1902年起，这个标志便放在了一辆辆汽车前正中的位置上。

（4）警察来到我们的汽车前面，在父亲的车窗前俯下身来。

（5）He sat in the front of the bus to get a good view of the village.（他坐在公共汽车前部，为了更好地看农村的风景。）

（6）The girl is standing in front of the bus.（这个女孩站在公共汽车前面。）（在车外）

汉语例（3）中，图形"标志"位于背景"汽车"外部，并与车头形成接触关系，此时"前"的判断依然以车头的方向为准；例（4）中，图形"警察"是位于背景"汽车"侧面离车窗较近的位置，此时"车窗"具有了事物"出入口"的概念，是"前"

的判断依据。英语例（5）中，图形"he（他）"位于背景"bus（公共汽车）"内部靠近车头的位置，而远离车头的位置为"back（后）"；例（6）中，图形"girl（女孩）"是位于背景"bus（公共汽车）"外较近的位置，但具体位于哪个方位则无法判断，因为这与观察者视角点的选择有直接关系。"girl（女孩）"有可能位于车头朝向的附近位置，有可能位于车的侧面或车窗朝向的附近位置，还有可能位于车的尾部朝向附近位置。

在汉英"前/后""front/back"相对参照空间中，对物体空间位置的描述取决于观察者视角点和识解方式的选择，描述空间方位的语言随视角点的改变而改变。上面的例句中说话者的"自我"主观识解体现在了语言表达中，因为空间描述使用了以观察者为参照点的参照框架。由此可见，"前/后"参照空间描述语言表征的不同是由说话者的识解方式和参照框架本身的主观性决定的。

值得注意的是，汉英"前/后""front/back"相对参照空间的判断标准虽然相同，此时英语"front"与汉语"前"相对应，但此时英语"back"与汉语"后"的用法不能完全对应，在表达"（外部的）后面"时，英语用"behind"。

三 汉英"前/后"拓扑空间与参照空间认知对比

汉英"前/后"空间认知对比可以归纳为表 3-2。

表 3-2 汉英 "前/后" 空间认知对比

状态	类别	关系		前	front	后	back
拓扑空间	内部	（空间）靠前/靠后位置		√	√	√	√
	外部	人（或物）的正面/背部		×	√	×	√
		人（或物）所面对/背对的位置		√	√	√	×
参照空间	内在参照空间	正面为前，反之为后		√	√	√	√
		"出入口"为前，反之为后	内部	√	√	√	√
			外部	√	√	√	×
		主要功能指向区域为前，反之为后		√	√	√	√
		开放区域为前		√	√	×	×
		行进方向为前，反之为后		√	×	√	√
	相对参照空间	内部		√	√	√	√
		外部		√	√	√	×

注：√表示可以表达此种空间方位关系，×表示不可以表达此种空间方位关系。

通过上文的对比分析及表 3-2 可以看出，汉英 "前/后" 的空间义基本一致，但在具体 "前/后" 方位关系的表达上略有不同。在拓扑空间方位关系方面，英语 "front/back" 比汉语的方位词 "前/后" 多了对人或物体本身前、后部位的定义；而在参照空间方位关系中汉语 "前/后" 表达的语义外延比英语 "front/back" 更为丰富，尤其体现在 "后" 上。英语 "front/back" 自身内部体现语义不对称性，"front" 的语义外延高于 "back"。汉英两种语言在表达 "前/后" 方位关系时主要根据主体和客体的位置变化来确定方位，这是两种语言认知的共性，源自人类共同的身体体验和对客观存在的空间的感知。但汉英所表达的意义并不能完全对等。

第一，汉语中的方位词 "前/后"，在表示水平位置关系时，依然具有相对广泛的语义外延。汉语单一的"前"或"后"可以分别表达英语中的不同的水平位置关系，分别映射到英语"front"、"back"、"behind"及由"front""back"构成的短语上。英语采用不同的词及由其构成的不同介词短语来表达空间位置"前""后"不同的精确度、主体与客体的相互关系，在表达空间方位关系时会考虑事物的空间位置是属于内部位置关系还是属于外部位置关系等。所以，英语中存在着诸如表示外部位置关系的"in front of"和"behind"和表示内部位置关系的"in the front of"和"at the back of"，它们在表达空间位置"前/后"的概念时较具体、形象。

第二，较之英语介词方位概念的表达方式，在表达同类"前/后"方位概念时，汉语并不做具体的空间维度区分，人们在识解"前/后"水平位置关系时依然习惯采用"面"（二维）的认知模式，即通常侧重背景的二维平面而忽略其"点"、"线"或"体"特征。而英语却会做出具体维度的区分，在表达空间维度时准确而又细致。在表达"在……前/后"这个静态的空间位置概念时，英语会使用不同的介词，如"in the front of the book（前面的书页）""seats at the back of the room（后排的座位）"。

第三，在拓扑空间方位关系的语言表征上，汉语和英语都具有稳定的客观性，均是源自基本义的"前/后"和"front/back"。在参照空间方位关系的语言表征上，汉英两种语言对空间方位的判断都取决于观察者的视角点选择，均具有主观性特征。内在参照空间中，汉英客体"前/后"方位的确定均经历了以人自身身体体验为基础的主观化过程，相对而言，汉语的主观性稍强，汉语中并未对空间维度及物体的内外部进行确切的细分；以观察者为参照点的相对参照空间中，汉英两种语言表征都具有较强的主观性。

第四，就语言内部而言，汉语方位词"前"所表达的语义范围比"后"更为广泛，尤其在以"靠近物体边缘的开放区域"为"前"方面，汉语中只用"前"而不用"后"，英语"front"所表达的语义范围比"back"更为广泛，这是因为人的面部在人体信息接收和传送中发挥重要作用，"前"在人们的认知中比"后"更具"凸显性"特征。但在表示运动趋向时英语"front"不能表示"运动方向为前"的概念，英语通常用"forward（s）"或"ahead"来表示，而"back"却可以表示"运动方向的相反方向为后"的概念，这与词源出现早晚有关。根据 *Merriam Webster* 电子版的词源，"front"作为副词"向前地"最早使用于1600年，而"back"作为副词"向后地"最早使用于13世纪，副词"forward（s）"则最早使用于12世纪前，副词"backward（s）"为14世纪。由此可以看出，作为副词的"front"的使用时间明显短于其他三个词，所以其副词语义拓展会相对较窄。

第三节 汉英"左/右"空间认知

"左/右"方位是人们对自身和物体的空间关系的基本认识，

也是相对水平方向上的一维线性空间方位关系。

在线《说文解字》："左，手相左助也。从ナ、工。"即"左，出手相助"。字形采用"ナ、工"会义。所有与左相关的字，都采用"左"做偏旁。"右，助也。从口从又。手口相助也。从又从口。"即"右，用口声援、用手相助"。字形采用"口、又"会义。清代段玉裁《说文解字注》注"左"字："ナ者，今之左字。ナ部曰：左手也。谓左助之手也。"注"又"字："此即今之右字。不言又手者，本兼ナ又而言。以中别之，而又专谓右。"

《现代汉语词典（汉英双语）》（2002年增补本）：左，指"向南时靠东的一边"，如左方（to the left；left side）、左手（left hand；on the left）、向左转（turn to the left）；右，指"面向南时靠西的一边"（right side；right），如右方（on the right；to the right）、右手（right hand；to the right）、靠右走（keep to the right）。

由在线《说文解字》和《现代汉语词典（汉英双语）》（2002年增补本）的释义可知，"左"和"右"的本源义为"左手"和"右手"，在抽象后成为相对的空间方位词。"左"和"右"是相对的空间概念，源于人类对自身与周围事物的相对方位关系的认知。当人们以自身为参照点时，把靠自己左手一侧称为"左"，靠右手的一侧称为"右"，"左"和"右"便由一般名词转变为方位词。

在英语中，表示方位"左/右"时用了表水平方向的最基本词语"left/right"。根据在线词源词典，"left/right"的其他词性及用法均起源于其形容词词性及用法。*Merriam Webster* 电子版首先对 left 的形容词词性进行了释义 "of, relating to, situated on, or being the side of the body in which the heart is mostly located"（"位于身体心脏部位那一侧的，左边的"）；对 right 的释义也是从形容词词性开始的，与 right 相对应的解释是 "of, relating to, situated on, or being the side of the body which is away from the side on which the heart is mostly located"（"位于与身体心脏部位相对的那一侧的，右边的"）。《牛津高阶英汉双解词典》（第六版）对 left 的释义为 "on the side of your body which is towards the west when you are facing north（左边的）"；对 right 的释义为 "of, on or towards the side of the body that is towards the east when a person faces north（右边的）"。综合两部词典对 "left/right" 的释义，可以得出其基本义为 "身体左边的/身体右边的"，又可以被引申用于表示其他物体或空间的 "左/右"。

一　汉语"左/右"拓扑空间

汉语 "左/右" 在表达不受观察者视角点影响的拓扑空间方位关系时可以表达 "东/西" 的概念。此点在汉英双语《现代汉语词典（汉英双语）》（2022 年增补本）中有具体释义："左" 为 "东"，"右" 为 "西"。如：

（1）山左（太行山以东的地方，过去也专指山东省）

（2）山右（太行山以西的地方，过去专指山西省）

古人习惯以东为左，以西为右。[①] 如：

（3）干曰："丞相放心，干到江左，必要成功。"（《群英会蒋干中计》）

例（3）中的"江左"即"江东"，是一个地理名词，指长江下游南岸和长江部分中游东南岸。因为长江在安徽省内朝东北方向斜流，所以便以长江的此段为标准确定"东/西"和"左/右"。同理，与"江左"相对，也有"江右"，指长江下游北岸和淮河中下游以南地区。

汉语"左/右"这种因具体地理情况而形成的"东/西"用法具有独特的文化特色，英语"left/right"则没有此用法。

二 汉英"左/右"参照空间

从汉英"左/右"方位义的来源看，"左"和"右"是与人体自身及人的活动有关的，其方位意义的表达和构成、对其空间方位关系的识解与判断均是以人为参照的，所以汉英"左/右"方位均属于参照空间方位关系。以观察者自身为中心的参照框架依

[①] 魏禧《日录杂说》云："江东称江左，江西称江右，自江北论之，江东在左，江西在右耳。"

赖视角点定位，观察者的视角点决定着投射方位。视角点背后隐含最佳视角点和定位，参照框架的取舍取决于最佳视角点，而观察者选用哪一种参照框架对这种关系进行描述是一种主观行为，所以，对物体的空间方位关系的描述通常不是中性的，却是从最佳视角点对被感知事物进行的定位布局，语言的内在语义值便体现在语言所描述的布局之中。[①]

（1）他在房子的左面。

（2）The car is at/to the right of the house.（车在房子的右面。）

以上汉英两个例句中，图形"他""车"与背景"房子"的空间方位关系就是观察者以自身为中心进行判断的。根据Levinson的相对参照框架的三向（ternary）空间关系[②]，这种以观察者为中心的坐标系实际上是以观察者身体平面为基准确定"左/右"位置的，涉及观察者的视角点、图形和背景间的空间方位关系。

人们通过眼睛对空间进行辨别，人的眼睛位于人面部的"前"面，所以人们对"前"和"后"的方位感知要比对"左"和"右"的方位感知灵敏。张仁俊的实验表明，儿童最晚掌握的

[①] Langacker R W. Subjectification [J]. Cognitive Linguistics, 1990, 1 (1): 315, 317.
[②] Levinson S C, Wilkins D P. eds. Grammars of Space: Explorations in Cognitive Diversity[C]. New York: Cambridge University Press, 2006: 1-23, 512-552.

方位词是"左"和"右",而且"左"与"右"的方位也最难区分。① 一般的事物本身都没有显性的标志帮助人们进行左右方位的确定,人们只能依据视角点对"左"和"右"进行划分。如照片里人物的左右、桌子的左右两边、车的左右、门的左右两边、教室内部的左右等,都是以观察者为中心来确定事物的左右方位。"左/右"是相对空间方位词,表示的是相对空间的一维线性水平位置关系,所以对其位置的判断无法只根据一个参照点,必须先根据第一参照点确定背景的"前",然后才能根据第二参照点确定"左"和"右"。因为相对参照框架描述的空间方位具有很强的主观性,说话者和听话者对空间语言所描述方位的理解可能有所不同,"他在房子的左面"既可以指说话者面对房子时其左边的方向,也可以指说话者背对房子时左边的方向。

(3)他的汽车紧靠在我的汽车的右边。

(4)Turn left at the cinema, then go straight. It's on the left.(在电影院向左转,然后直走。它就在左边。)

(5)Next, he sheered to the left, to escape the foot of the bed.(然后又得左拐以免碰上床脚。)

例(3)中的观察者选择的是相对参照框架,这种参照框架的选择体现了观察者的主观性,观察者对场景的识解和描述都以

---

① 张仁俊. 儿童对空间词汇的掌握 [J]. 华东师范大学学报 (教育科学版),1985(4):35-46.

自身为中心，观察者意识到自身的存在，虽在语言描述中观察者是隐性的，但听话者会把观察者置于场景中的凸显位置，观察者因此使自己成了客观场景中的一部分，甚至成了注意力的焦点，这种观察者的中心视角同样存在主观和客观的嬗变，其结果是空间描述的完全主观性和观察者观察的客观性[①]。要确定两辆车的位置关系，首先要确定第一参照点观察者与"我的汽车"的前后位置关系。当观察者处于面对"我的汽车"车头的位置时，"我的汽车"位于观察者的右手方向。此时"我的汽车"的右边是以观察者自身的左右手方向确定的。还有另外一种情况。因为车头的位置或汽车行进的方向为车"前"，所以也可以以汽车本身为参照点，则观察者与汽车同向，观察者右手方向即汽车的右边。例（4）中的"turn left（左转）"中的"left（左）"的具体方位确定也取决于观察者的角度，即观察者面对电影院的哪一方位。"left（左）"的方位很容易确定，因为行走者行进的方向为"前"，所以"left（左）"即行走者左手方向，同理，例（5）中的"left（左）"即行走者的左手方向。

三 汉英"左/右"拓扑空间与参照空间认知对比

汉英"左/右"空间认知对比可以归纳为表 3–3。

---

① Langacker R W. Subjectification [J]. Cognitive Linguistics, 1990, 1(1): 315, 317.

表 3-3　汉英"左/右"空间认知对比

状态	关系	左	left	右	right
拓扑空间	东/西方位	√	×	√	×
参照空间	水平位置	√	√	√	√

注：√表示可以表达此种空间方位关系，×表示不可以表达此种空间方位关系。

从上文的对比分析及表 3-3 可以看出，无论是在拓扑空间中还是在参照空间中，汉语方位词"左/右"与英语"left/right"基本相对应，但汉语表达的语义外延依然比英语丰富。但在左右水平方位判断上，汉英两种语言在表达"左/右"方位关系时，主要以观察者为中心来确定方位，判断标准基本相同，这说明认知共性的存在。

第一，汉语方位词"左/右"，在表示水平位置关系时，尽管和英语"left/right"相对应，但依然具有相对广泛的语义外延。汉语"左/右"可以表达拓扑意义的"东/西"方向，英语"left/right"却不能。在参照空间中，汉语"左/右"的表达范围更宽泛，对"左/右"方位并不做具体的空间维度区分。而英语"left/right"却根据不同的场景及空间维度选择不同的介词与之搭配，从而做出具体维度的区分，在表达空间维度时准确而又细致，如表达"在……左/右"这个静态空间位置概念时，英语会使用不同介词："at the right/to the right the house"（在房子的右面）、"on the left (of the road)"（在马路左边）。"at"强调了房子右侧的点位置，"to"着重强调方向性，"on"表示的则是马路左侧二维平面的"域"。

第二,"左/右"是与人体自身及人的活动有关的,对其空间方位关系的识解与判断均与观察者的视角点有关,是相对空间系统下的方位。在对相对空间方位关系的语言表征上,汉英两种语言对空间方位的判断都取决于观察者的视角点选择,均具有极强的主观性。

第三,在汉英语言内部,汉语"左/右"和英语"left/right"的语义基本对称,这是因为"左/右"方位相对于人的身体而言是一种平衡的空间位置关系,并没有一方是处于凸显位置的。

第四节 汉英三维空间认知小结

"上/下""前/后""左/右"构成了全方位的立体三维空间。人们根据自身经验对这个立体空间进行判断:头上的方向定为"上",脚下的方向定为"下";面部所对的方向为"前",反之为"后";左手边方向为"左",右手边方向为"右"。在对空间方位关系识解的过程中,人们或者以自身为观察点,或者把自身投射于物体上进行人格化,改变观察点和参考点,从而可以对任何物体在空间中的任何位置做出全方位描绘。在这一点上,汉英两种语言表现出了共性,即认知的共性,对外界的认知源于对自身身体的认知及身体体验,但汉英三对空间方位词在具体语言表征上仍然存在差异。具体如图 3-4 所示。

通过图 3-4 汉英三维空间"上/下""前/后""左/右"三

第三章 汉英三维空间认知

图 3-4 汉英三维空间认知

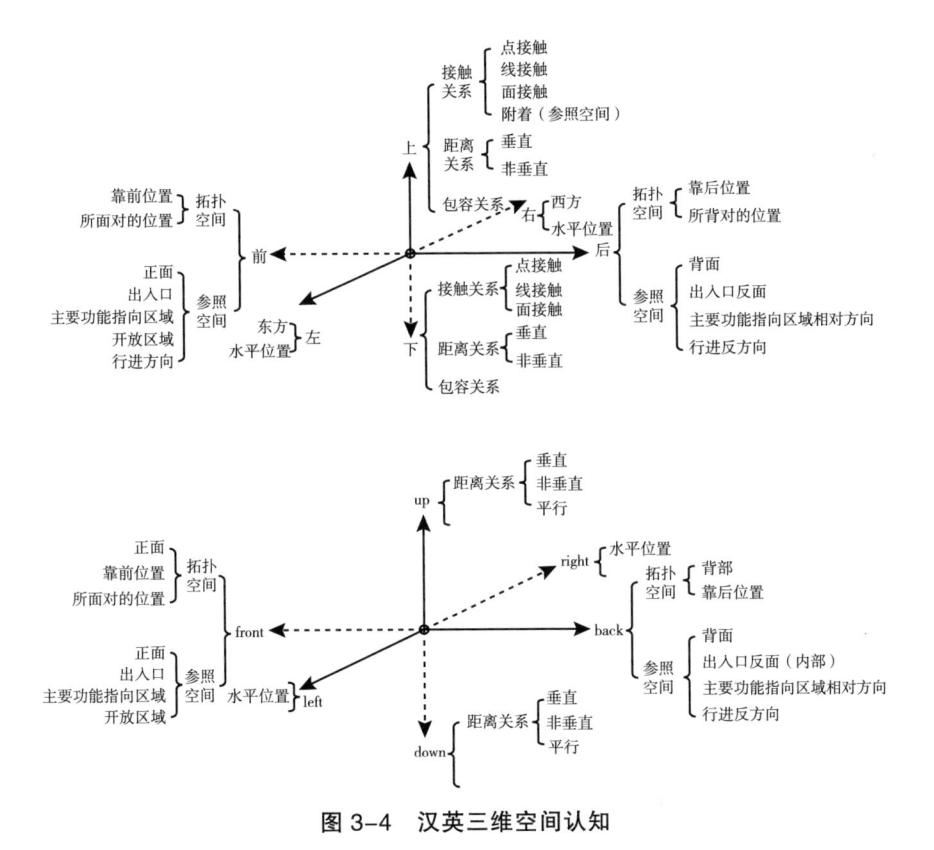

对方位词的认知对比可以发现，"上/下"汉英语言表征差别最大、主观性对比最明显，其次为"前/后"，"左/右"汉英语言表征差别最小。参照空间中汉英"上/下""前/后""左/右"的方位关系均是通过以观察者为中心的主观识解体现出来的。

就汉英语言本身而言，语言内部存在着语义的不对称性，尤其是"上/下"与"前/后"，而"左/右"相对于人的身体是一种平衡的空间位置关系，所以基本对称。

第一，汉英三维空间认知主观性方面。从对汉英"上/

下""左/右""前/后"空间描述的具体分析可以看出，无论是在汉语中还是在英语中，空间语言和对空间关系的描述都体现着语言的主观性。说话者对空间方位关系的识解是主观认知的过程，识解方式的不同决定了参照框架选择的不同，体现了说话者的主观性。但空间方位关系表征是复杂的图式化过程，空间语言表征不存在绝对的客观性，也不存在绝对的主观性，以物体为参照点与以自我为参照点在空间方位关系识解与语言表征中并存，即使是以物体为参照点的拓扑空间方位关系的语言表征也依然会有主观化的印记。通过分析可以看出，在空间认知中，尤其是在以自我为中心的参照空间中，无论是汉语还是英语都存在着主观性，这也是两种语言表征所显示出来的认知共性。不同点是，汉语在对空间方位关系，尤其是"上/下"方位关系的识解过程中的主观性比英语更为明显，即使是拓扑空间方位关系的语言表征，其主观化的印记也依然很明显。

在表达同类方位概念时，汉语并不做具体的空间维度区分，人们习惯于采用"面"（二维）的认知模式，即通常侧重背景的二维平面而忽略其"点"、"线"或"体"特征。而英语在表达空间维度时准确而又细致，"front/back"和"left/right"通过与不同的介词搭配使用表现了具体的维度区分。但这并不意味着汉语母语者无法对物体的实际空间维度进行判断，只是在识解的过程中主观性比较明显，倾向于二维平面的选择。英语"up/down"既表达了垂直的空间方位关系，也表达了水平方位关系，这也充分体现了语言表征的主观性。这些汉英方位词的空间方位关系的语言表征对其隐喻域会产生直接的影响，我们会在接下来的章节中进行具体分析。

第二，汉英空间认知语义对比方面。汉英"上/下""前/后""左/右"在表达空间方位关系时主要根据主体和客体的位置变化来确定方位，这是两种语言认知的共性，源自人类共同的身体体验和对客观存在的空间的感知。但在语义层次上，汉英方位词存在着差异。

汉语的方位词在表达空间方位关系时，语义外延比较丰富、语义负担较重，而英语用词则更为细化、具体。汉英两种语言在描述空间方位关系时所用词语表达的意义并不能完全对等。这种语言表征的不对等并不仅仅是语义上的不对等，更多的是源自不同社会文化背景的汉英母语者的认知方式的不同。

在表达同类方位概念时，汉语"上/下""前/后""左/右"并不做具体的空间维度区分，人们习惯于采用"面"（二维）的认知模式，即通常侧重背景的二维平面而忽略其"点"、"线"或"体"特征，所以在表达具体方位关系时，汉语的语义负担较重、空间概念覆盖范围较广。而英语"front/back""left/right"却常与不同的介词搭配使用，对空间方位关系的具体维度进行区分，体现出"点""面""体"的特征。另外，英语"up/down"表水平距离关系的用法在汉语"上/下"中不存在。这种由垂直向水平距离关系拓展的用法对英语时间－空间隐喻、状态－空间隐喻及社会地位－空间隐喻都会产生一定的影响。

在动态空间方位关系中，汉语先注意到图形和背景的位置关系,然后才注意到动作本身,而英语则更加关注动词,即先关注动作,再考虑动作进行的场所。

第三,汉英空间认知语言内部自身对比方面。就汉语内部而言,空间方位词"上"和"前"所表达的语义范围比"下"和"后"更广。汉语中,在表达强调"附着"意义的接触关系时,汉语只用"上"而不用"下",在表示"靠近物体边缘的开放区域"时,汉语中只用"前"而不用"后"。英语中,"front"的语义外延高于"back"。此种语言内部不对称的语言表征现象表明视角点的变化及"凸显性"影响着人们对语言的主观性选择。

汉英语言内部成对方位词使用上的不对称是由于语言"凸显性"及"经济性原则"的共同作用。汉英"上"与"下"、"前"与"后"的语义完全对立,两者具有不同的意义,但在演变的过程中同时泛化。人们在日常交际中遵循的是语言的经济性原则,即省时省力原则,所以会选择其中一个相对比较显著的词来表达这个意义。在心理学上有知觉显著性(perceptual salience)的概念,即那些成为人们注意力焦点的信息常常被认为是更为重要的信息。在日常生活中人们注意力的焦点更容易集中于"上"和"前"的位置上,所以在"上"与"下"、"前"与"后"对立的意义中,"上"比"下"、"前"比"后"更突出、更具吸引力,"上"的使用频率就会高于"下","前"的使用频率也会高于"后",因而就容易形成泛化,而泛化也会促进其使用频率的提高。在汉英方位词的语义泛化过程中,语义明显受人们的主观选择倾向影响。

·第四章·

汉英时间域认知

  时间是一种非常抽象、非确定的、不能够直接被感知的概念，所以通常借助人们熟悉的、具体的空间概念去理解和表达，即空间概念通过隐喻可以投射到时间域中。根据目前的研究，在所有语言和文化之中，时间语言几乎都来自空间概念。[1] 空间域和时间域之间有着系统性的对应关系[2]，汉英时间－空间隐喻也毫不例外。

  空间域和时间域是人类认知的两大基本范畴，决定了大脑的思考方式和对世界的认识。人类总是把时间和空间联系在一起，

---

[1] Clark E. How Children Describe Time and Order [C]//Ferguson C A, Slobin D. eds. Studies of the Child Language Development. New York: Holt, Rinehart and Winston, 1973: 585-606.

[2] Lakoff G. The Invariance Hypothesis: Is Abstract Reason Based on Image-schemas?[J] Cognitive Linguistics, 1990, 1 (1): 39-74.

时间主要是通过空间的隐喻映射而概念化的。当我们将空间或空间中的物体映射在时间上时，空间系统特征也在时间上得以保留。因此，不仅具体的空间词"上／下"和"前／后"可以表达时间的"先／后"与"早／晚"，当空间概念映射到时间概念后，可以抽象出垂直的"上下"时间轴线和水平的"前后"时间轴线，汉语中还有水平的"左右"时间轴线。无论是在垂直时间轴线上还是在水平时间轴线上，时间都具有方向性、连续性、可测性。在汉语和英语中，时空隐喻系统都保留了空间域中的方向、维度、移动的方式及位置等因素。

空间域中表示方位的"上／下"和"前／后"概念均可以被投射到时间域中，表示时间概念。时间具有维度属性，在描述时间的英汉两种语言中，都没有与空间词"左"和"右"相对应的表示"左／右"的时间词。时间具有方向性和不对称的属性，因此，描述时间的空间词也是由具有不对称关系的"上／下""前／后"来表达的，具有对称关系的"左／右"却不能。相对而言，"前／后"也比"左／右"方位更具拓扑性、更易于识解，所以在投射到时间域中后，人们基本用"前／后"来表达水平时间，而不用"左／右"，但在汉语中却有"左右"边轴时间的表达方式。汉英两种语言中，表示空间概念的"上／下""前／后"这些词的意象性更强于其他词，同时在表示空间概念时均具有顺序性和位移性，因此这些成对出现的方位词很容易被用来通过隐喻表示比较抽象的时间概念，同时也可以将时间概念的序列性和方向性体现出来。汉英两种语言中，人们对时间的认知主要是基于空间结构的映射。隐喻映射使得时间有了"上/下""前/后"的空间方位，这有利于人们定义时间。

许多语言学家认为线性时间观在现代西方世界占主导优势。无论我们注意到与否，时间都是不断向前、永不回头的，所以时间具有方向性和连续性。因此，过去、现在、将来都存在于时间概念结构中。世界上的所有人都利用空间概念来表征时间，只是在对时间的识解方式上有一定的差异，这些差异形成了不同的时间认知模型，其中前后水平时间和上下垂直时间属于线性时间认知[①]。

关于绝对时间，牛顿《自然哲学的数学原理》一书中给出过定义，他说绝对时间即"绝对的、真实的数学时间，就其自身及其本质而言是永远均匀流动的，不依赖于任何外界事物"[②]。如在"世界贸易组织（WTO）成立于1995年1月1日"这句话中，1995年1月1日就是一个绝对而且真实的数学时间，也就是意义上的绝对时间。绝对时间可以独立于事件存在，由它组成的实体与外界事件无关。所以绝对参照系的客观性极强，主观性弱，甚至毫无主观性可言。在德国物理学家阿尔伯特·爱因斯坦撰写的《相对论》一书中，"相对论时间"的概念清晰可见，其中，他谈到时间的规律与运动有关，随着运动的变化发展而变化发展，[③]从

---

① Boroditsky L, et al. Do English and Mandarin Speakers Think about Time Differently?[J] Cognition, 2011, 118 (1): 123-129.
② 牛顿.自然哲学的数学原理[M].赵振江,译.北京：商务印书馆,2009.
③ 阿尔伯特·爱因斯坦.相对论[M].张倩绮,译.西安：陕西师范大学出版社,2020.

而打破了人们对时间的传统看法与理解，也拓宽了人们的认知领域，革新了人类的认知水准，人们开始关注人类认知的主观性。因此本章以对相对时间的分析为主。

在本章中，汉语的空间词映射到时间域中后，依然用"上/下""前/后""左/右"这三对词表达时间概念。但由于在空间域中英语空间词汇的语义范围相对较窄、对空间维度及内外部区分较细，映射到时间域后，英语中与单个汉语方位词相对应的表时间的词并不单一。在本章中的英语部分，我们主要对由与汉语"上/下"相对应的"up/down"、与"前/后"相对应的"before/after"、与"左/右"相对应的"left/right"抽象出的时间轴线进行分析。

第一节 汉英"上/下"时间认知

"上/下"这组表位置高低的空间概念在被映射到时间域中以描述时间时，是一种垂直的时间认知方式。"上/下"时间认知中，不仅汉语"上/下"和英语"up/down"可以表示时间，这种时间概念在隐喻的作用下也已经抽象为一条垂直的时间轴线，是一种垂直的时间认知方式。汉语在表达时间概念时，不仅可以对时间做水平方向的隐喻，还可以对时间做垂直方向的隐喻[1]。

---

[1] Fauconnier G. Domains and Connections [J]. Cognitive Linguistics, 1990, 1 (1): 151-174.

Boroditsky 的实验表明，汉语母语者与英语母语者都可以用表水平关系的词语谈论时间，但汉语母语者也会用"上/下"这样的表垂直关系的词语表征时间。[①] 相对而言，英语母语者极少采用这种垂直的时间认知方式，尽管"up/down"也会表示时间概念。

一 汉语"上/下"时间认知

空间域的"上/下"映射到时间域后，空间域中的背景可以映射为线性时间，图形可以映射成作为固定参照点的某个时间，那么在此之前的时间就对应"上"的概念，在此之后的时间对应"下"的概念，即"上"对应时间概念中的"早"，"下"对应时间概念中的"晚"。"上/下"这组表位置高低的空间概念在被映射到时间域中后表垂直时间上的"早/晚"。从视觉角度来看，在太阳东升西落的过程中，东升就是在遵循"上"的轨迹在运动，太阳升起后就是时间意义上的"早"，西落就是在遵循"下"的轨迹在运动，太阳落下后就是时间意义上的"晚"。垂直时间轴线是上下定位的，时间通过空间隐喻来表征，所以时间可以像空间中的物体一样自上而下地自然移动，用于表征时间的汉语"上/下"被识解为："上"通常代表较早的或过去的时间，"下"则代表较晚的或将来的时间。如：

[①] Boroditsky L. Does Language Shape Thought?: Mandarin and English Speakers' Conceptions of Time[J]. Cognitive Psychology, 2001 (43): 1-22.

（1）上礼拜、下礼拜、上回、下回、上星期、下星期、上次、下次

（2）上半叶、下半叶、上午、下午、上半辈子、下半辈子

以上两组例子在空间隐喻时间化时，概念略有不同。第一组时间概念的例子，根据参照系理论（详见第二章图2-2时间参照框架），要确定时间的早晚，应先找到参照物或参照点。观察后得知，可以将"现在"这个时间点作为参照点，来区分时间中的"早／晚"概念，即在"现在"之前的就是"早"，对应"上"，在"现在"之后的就是"晚"，对应"下"。这组时间概念的客观性较强，意义区分也比较清晰明确。第二组时间概念的例子，则不再以"现在"这个点为固定静止不变的参照点。具体而言，就是"上"与"下"需要以平衡的中间点为参照点，来表示时间的"早／晚"。如果要识解"上午／下午"这组时间概念，首先要进行整体研究。因为"上午"和"下午"合在一起的时间为一个白天，所以此处的研究对象为早上6点到下午6点的时间段。将这12小时分为三个部分"早-中-晚"，那么对于"早／晚"概念，参照点就是"中"，"早-中-晚"对应"上午-中午（正午）-下午"。所以我们亦可以理解为"上"的时间概念与"下"的时间概念也互为时间参照，由相对考量得到的概念也从侧面体现出时间的相对性。因为平衡的"中"点是人为设定的，所以在对时间概念的识解过程中，客观性减弱，主观性增强。

汉语"上/下"时间概念也符合时间认知模式中以"自我"为参照点的模式。时间的流逝如河流，从高处（上游）流向低处（下游），因而在汉语里较早的时间是"上"，较晚的时间是"下"，人们可以沿着时间之流往上运动去"造访"一个较早时间，或向下朝着将来运动。这种向上或向下的运动正是时空隐喻系统的"自我移动"模式，时间不动，观察者（语言使用者）面向时间而动，如：

（3）带翼神兽之渊源可上溯到中国早期新石器时期。
（4）这将使我们的友谊一代一代地传承下去。

例（3）中，观察者面对时间在垂直时间轴线上自下而上运动，直至表示过去的"新石器时期"，观察者（语言使用者）所背对的方向为将来；例（4）中，观察者面对时间在垂直时间轴线上自上而下运动，经过"一代一代"的时间段不断向将来走去，观察者所背对的方向为过去。因此，向"上"即追溯过去，向"下"即走向将来。

汉语"上/下"空间概念被隐喻为时间概念时，基于人们共同的认知体验，隐喻的基本原则为"上对应早，下对应晚"。已发生过的属于时间概念中的"早"，也可以归入时间概念中的"过去"；相应地，未发生的则属于时间概念中的"晚"，也可以归入时间概念中的"将来"。"上/下"时间概念在汉语中的使用频率很高，且符合汉语的构词法。这种超强的搭配负荷能力是汉语所独有的，其他语言难以与之比拟。这种搭配也让汉语中的时间词汇在纵向认知上得到拓展。

二 汉英"上/下"时间认知对比

英语"up/down"也可以表示时间概念，但却与汉语中时间较早为"上"，时间较晚为"下"的时间概念不存在一致性。英语中的"up"可指时间较晚，"down"表示时间较晚。另外，"up"还表示时间结束。

（1）You see, up to now, he's been king of his own room.（你知道，直到现在，他一直是家里的小皇帝。）

（2）Up until last year, they didn't even own a car.（他们去年才刚有了一辆汽车。）

（3）We'll have to stop there. Our time is up.（我们必须停下了，时间到了。）

（4）traditions that have come down to us from medieval times（从中世纪流传到我们这一代的传统）

（5）a person whose words and actions have inspired millions of people down the centuries（其言论和行为在之后几百年里激励了无数人的一个人）

例（1）中的"up to"表示时间从下到上的延续，"up"表示的是时间从过去到现在的延续，是时间在垂直时间轴线上自下而上、从过去到现在的延续，即"up"为"晚"。例（2）中，英语介词词组"up until"后接表示过去的时间"last year"，指时间沿着垂直时间轴线由过去向上到将来，"up"表示"将来"。两个例句中的"up"表达的时间概念正好与汉语"上"的时间概念相反。例（3）中的"up"指时间已经结束。例（4）（5）中的"down"表示的是时间从过去到现在的延续，是时间在垂直时间轴线上自上而下、从过去到现在的延续，即"down"为"晚"，此用法与汉语中的"下"为"晚"的用法相对应。

以上5个例句虽是"up/down"的表"早/晚"的时间用法，但此用法与汉语"上/下"并不能完全对应，因为"up/down"表时间时仅表示时间的节点，而非具体的时间点或时间段。汉语"上/下"既可表示时间节点，也可以表示具体时间点和时间段，表时间节点的用法如"上下五千年"，然而汉语"上/下"却没有表时间结束的用法。

虽然"up/down"可以表示时间的"早/晚"，但表时间的"up/down"的使用范围极小，基本仅限于以上的用法，很少以其他单独或搭配使用形式出现。相对而言，在英语中，很少用"up/down"在时间域中表"上/下"的概念，如：

（6）上半夜（the first half of the night）/下半夜（later half of the night）

（7）上一年（the last year）/下一年（the next year）

英语是用序数词"first""last"和介词"before""after"及形容词"later"等表示过去和将来的时间的,很少用"up/down"表示时间概念。汉语"上/下"可以分别以叠字形式表示时间,英语"up/down"却没有叠词形式,如:

(8)上上周(the week before last)/下下周(the week after next)

在"将来为上"和"过去为上"两种观念中,汉语更倾向于后一种观念,在时间概念语言表征上就是"时间较早为上"和"时间较晚为下"。但英语则更倾向于前一种观念,可见中国人和西方人感知时间的方式是不一样的。

汉英"上/下"时间认知对比总结如表4-1所示。

表4-1 汉英"上/下"时间认知对比

类别	上	up	下	down
过去(早)	√	×	×	×
将来(晚)	×	√	√	√
具体时间	√	×	√	×
时间节点	√	√	√	√
时间结束	×	√	×	×
叠词表达	√	×	√	×

注:√表示可以表达此种时间类别,×表示不可以表达此种时间类别。

从以上分析及表4-1可以发现,在垂直时间轴线上,由汉语中含有"上/下"语义的空间词汇表征的时间概念体现了时空隐喻关系。英语中虽然也会用"up/down"来表示时间概念，但这与汉语之间没有一一对应的关系，其应用范围也远远低于汉语。汉语中，垂直维度时间词汇的丰富性首先体现了人类的空间认知向时间认知转换的共性。如早上太阳开始升起，下午开始逐渐落下；河流上游之水往下游流淌是需要时间的，所以上游的水会先于下游的水。另外，这也可能与中国对祖先崇拜的文化有关。蓝纯认为，在商代祭祀祖先的仪式上、古代供奉祖先牌位时、各代家谱的书写中，均以上为尊，将祖先放于最高处、最上端。[①]这说明汉民族的垂直维度的空间概念在转换成垂直时间概念时，在民族文化中的烙印已深刻于语言之上。

由于中英文表达方式的不同，不同的空间方位关系对时间有不同的激活作用。汉英"上/下"在空间方位关系上就已展现出了很大的差异性，汉语"上/下"在空间方位关系的表达上明显比英语"up/down"更为丰富。汉语这种上下垂直空间上的使用活跃度对其时间域的映射也会产生一定影响。英语"up/down"在空间概念上就已经表现出由垂直距离向水平距离拓展的特性，这也体现出英语母语者的时间概念化是水平的。因此，对汉语母语者而言，时间概念化是垂直的，因此汉语时间概念的垂直使用效果超过水平的，而英语时间概念的水平使用效果超过垂直的。[②]不同的语言在历史上对时间有不同的规定，后人延续了这些规定，从这个意义上说，语言影响着人们的思维方式。

---

① 蓝纯. 从认知角度看汉语的空间隐喻 [J]. 外语教学与研究, 1999(4):7-15.
② 刘丽虹, 张积家. 时间的空间隐喻对汉语母语者时间认知的影响 [J]. 外语教学与研究, 2009(4): 266-271.

第二节　汉英"前/后"时间认知

空间域中水平层面"前/后"的拓扑空间和参照空间被映射到时间域中后,就形成了水平时间轴线上的前后时间认知。"前/后"时间认知中,不仅汉字"前/后"和英语"before/after"可以表示时间,这种时间概念在隐喻的作用下也已经抽象为一条水平时间轴线,而"前后"水平时间轴线是在不同语言中都普遍使用的时间轴线。"前/后"从空间域映射到时间域中,映射后的基本结构不变,所以对于观察者来说,时间轴线上的"前"与"后"没有限制,可以无界延伸。通常情况下,在以人自身为参照点的前后时间定位中,"前"是人所面对的方向;而在事件或时间互为参照点的时间表征中,"前"和"后"展现的是一种先后顺序。汉语中,"前"与"后"表达时间时的参照模式多为时间或事件互为参照,如"年前"与"年后"。英语中,"before"和"after"描述时间时通常也表时间或事件的顺序,如"before class"和"after work"。

一　以时间为参照点

汉语中,时间概念主要是线性模型,时间被认为是一维的、有次序的。时间隐喻的次序性与空间的次序性相对应。发生在过去的早一点的事件位于晚一点的事件之前。此时，较早的事件和较晚的事件在时间轴线上是相对而言的，过去和将来的时间概念也是如此。在此表现事件发生次序的水平时间轴线上，对时间早晚的概念识解取决于时间或事件参照点，观察者不会改变过去和将来在时间轴线上的相对位置，如"春节前后""前天""后年"。当"前/后"时间的发展变化表现在横向水平轴线上时，确定变化的关键是要确定参照点。例如："中华人民共和国成立之前，中国人民备受折磨。"这句话对应到这条横向的时间轴线时，1949年（中华人民共和国成立的时间）这一时间点可以被看作参照点，"中华人民共和国成立之前"对应的是"1949年之前"，表示时间概念中的"早"，而"1949年后"就对应时间概念中的"晚"。由此而言，所有事情的发展模式都可以在这条水平轴线上找到对应的位置，所有的事情都依次发生，从而体现出了时间的次序性。

"前后"水平时间轴线是英语的时间概念语言表征的主要形式。在汉语表达中，"前天""后天"所表达的概念即"较早的时间在前，较晚的时间在后"，所对应的英语表达为"the day before yesterday"和"the day after tomorrow"，所以在英语中介词"before"和"after"对应"前/后"概念时，也是"过去在前，将来在后"。英语中也有"before lunch"和"after supper"的表达。这说明英语的时间隐喻的次序性与空间的次序性相对应。发生在过去的早一点的事件位于晚一点的事件之前。对时间概念"早/晚"的识解是以时间为参照点的，早点的事件和晚点的事件在时间轴线上是相对而言的,过去和将来的时间概念也是如此。在此表现事件发生次序的水平时间轴线上,观察者不会改变过去和将来在时间轴线上的相对位置。

无论是在汉语中还是在英语中,时间的"前""后"有一定的参照点,但这个参照点要视具体语境而定,如:

(1) 中国的端午节在中秋节之前。(英文对译为:The Dragon Boat Festival in China is before the Mid-Autumn Festival.)

(2) 中国的中秋节在端午节之后。(英文对译为:The Mid-Autumn Festival in China is after the Dragon Boat Festival.)

从上面的例句可以看出,汉英"前/后"时间概念均可以对应到时间轴线上,有自己的排列顺序,即"前"表较早的时间,"后"表较晚的时间,"前/后"概念的绝对性减弱,都是相对而言的。根据具体语境,我们才可以观察出"前/后"真正表示的时间"早/晚"概念。以时间为参照点的时间参照系主要是关于事件发生时间的次序的。事件的状态是客观存在,时间是事件次序的纽带。说话者或观察者的存在并不直接反映在这种时间表征中。虽然事件本身的次序不会改变,事件也不需要观察者(说话者),但观察者总要有一个最佳视角点来观察和表征时间。这两个句子描述的是同一个时间事件。然而,这种时间表征反映了观察者的最佳视角点。例（1）中，观察者首先看到的是"端午节"，因为这个节日在心理上离观察者更近。例（2）中，"中秋节"更接近观察者，所以其首先看到的是"中秋节"。观察者总是或多或少地与某一场景联系在一起。虽然观察者不是现场的焦点，但他隐藏在场景的背景之中。在许多叙事情境中，叙事方法并不总是按照事件的先后顺序的。相反，为了突出某些东西，说话者可以从不同的角度出发进行叙事，比如倒叙。从这个意义上说，意义取决于说话者对某事的态度与立场。

无论是选择不同的参照点，还是用适当的语言来表征时间或时间次序，汉英"前后"水平时间轴线上以时间为参照点对时间"早／晚"的判断都反映了说话者的主观心理过程和状态。因此，这也证实了汉英时间认知中主观性的存在。

二 以自我为参照点的"时间移动"

汉语的"前／后"时空隐喻符合以自我为参照点的"时间移动"和"自我移动"这两种时间表征形式。时间的基本属性来自人类的生活劳动的体验性和人类对自然物质世界的体验认知。[①]Vyvyan Evans 认为，表达时间最常用的概念是运动概念。[②]物体的移动是相对于参照点而言的，因此，时间表达中就有了

[①] 赵永峰. 体验哲学审视下的时间属性初探 [J]. 外语学刊, 2007(2):74-80.
[②] Evans V. The Structure of Time: Language, Meaning and Temporal Cognition [M]. Philadelphia: John Benjamins Publishing Co., 2003: 201.

"时间移动"和感知主体的"自我移动"。此时，在这两种时间概念表达中，时间已抽象为一条水平轴线，即"前后"时间轴线，而不仅仅局限于"前/后"字面时间意义的表达。在"时间移动"模式中，当"自我"处于静止状态时，观察者目前的位置是"现在"。在"前后"水平时间轴线上的时间点或者时间事件为运动着的实体，从将来走向观察者并经过观察者向过去走去。时间被隐喻成为人，便有了"前"和"后"之分，时间（隐喻成为人）面对的"前"，表"过去"，时间（隐喻成为人）背对的为"后"，表"将来"，因而也就有了"过去"、"现在"与"将来"。在"时间移动"的隐喻中，时间固定朝一个方向移动，这个方向一旦固定下来即不可倒流。在汉语中有许多"时间移动"的例子，如表示过去时间的"去年""往年""往日"，表示将来时间的"来日""来年"，表示与观察者处于同一位置的"现在"时间的"目前""当前""眼前"。除了词汇还有语句，如"21世纪向我们走来"和"春天的脚步近了"。此时，水平时间轴线体现出的不再是时间次列性，而是较强的时间方向性。

在英语中也同样存在"时间移动"模式。在以"自我"为参照点的"时间移动"模式中，观察者的位置固定，但时间处于运动状态，面向观察者走来，如：

（1）My uncle will visit our family in the coming weeks.（我叔叔会在接下来的几周来我们家。）

（2）In the passed months, I were in great pain

desperately.（在过去的几个月中，我深深地陷入令人绝望的痛苦中。）

我们可以看出，例（1）表示时间一直在运动，而观察者则相对静止不动，"coming（接下来的）weeks"也体现了时间的运动方向，是从将来的时间流向表示过去的时间，时间一直在运动不息。例（2）中的"passed（过去的）months"也体现出时间的流动性，从将来的时间朝过去的时间方向流动，而在这个过程中，观察者一直保持静止不动。

由上可见，无论是汉语还是英语，在抽象的"前后"水平时间轴线上，均有表达抽象时间概念的"时间移动"模式。

三 以自我为参照点的"自我移动"

以自我为参照点的时间模式中，还有一种"自我移动"模式。在"自我移动"模式中，观察者迎着时间而移动，从过去走来，又向将来走去，所以"后"即过去。观察者在经过时间点及时间事件时才能感受到时间的流逝。观察者经过的点为"过去"，观察者所处的点为"现在"，观察者将要进入的点为"将来"。汉语常说的"前途道路光明""我们要向前看，不要向后看""努力的人必有远大的前程"等，表示观察者正向将来走去。汉语的"历程""前尘"等则表示过去，是移动的观察者已经经过的时间。在这些表达中，我们都加入了自己的主观认知，"前"均指向将来，在对时空隐喻的分析中，人们的主观性附于其中。

在英语"前后"水平时间轴线的语言表征方面，也有"自我移动"模式，如：

（1）A new life lies before him.（新的生活就在我们面前。）
（2）We have a bright future before us.（我们前途光明。）
（3）The past is after us.（我们将过去甩在了身后。）
（4）They are striding forward to the new century.（他们朝新世纪大踏步走去。）

例（1）（2）（3）中的"before"和"after"是表"前"和"后"的介词，强调了时间的状态。三个句子都采用的是以"自我"（观察者）为参照点的参照模式，观察者的位置是固定的，"自我"参照点对应的时间都是现在（now），观察者面对将来，即"将来在前，过去在后"，将来位于观察者视角点之前。在"自我移动"模式中，时间的位置是固定的，观察者处于运动状态，迎着时间走去。从例（4）中可以看出，观察者处于动态运动中，时间则保持静止不动，核心短语"striding forward to the new century（朝新世纪大踏步走去）"显示了其运动方向是从表示过去的时间概念指向表示将来的时间概念。

在"自我移动"模式中，汉语还有另外一种与英语不同的时间表征情况，如图4-1所示，即观察者的方向与时间的次序相一致，观察者面对过去而背对将来，即"前"为过去，"后"为将来。

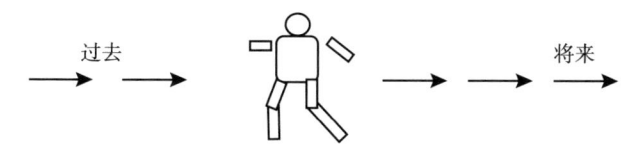

图 4-1　观察者面对过去

虽然参照点是"自我"而非"时间"或"事件",但时间采用的仍是水平时间轴线上固定的时间序列中的前后顺序,此类时间表征的词很多,如:

(1) 以前、前尘往事、前所未有、前车之鉴、从前、前科、前贤、前嫌、前妻、前夫、前例、先前、之前、前无古人、前功尽弃、痛改前非

(2) 以后、后福、后患、后无来者、前倨后恭、空前绝后、后福、后会有期

汉语的这种时间表征的"自我"参照模式中,虽然参照点是静止的,但参照点的选择具有非常大的灵活性,是由观察者的意志决定的,所以具有极强的主观性。

通过以上分析可以看出,汉语中的"前"即表示"过去",也表示"将来",其时间概念的解读取决于观察者认知的角度。时间本无前后,在认知过程中选取的参照物不同,时间的次序性与方向性就会从不同的认知侧面凸显出来,如:

（3）A步了B的后尘。

在"自我移动"模式中，"后"对B而言为已发生的、过去的时间概念，而对A而言则为未发生、将来的时间概念。此外，时间－空间隐喻的语言表征涉及时间的参照点、时间的运动状态、时间的方向、观察者的方位、观察者的视野、观察者的运动状态。时间是人识解和表征的对象，所以时间观察者（语言使用者）或识解者的参与是时间表征的必要因素。在"自我移动"模式中，时间处于静止状态，观察者则处于移动状态，观察者有两种移动方向，即面对时间移动和背对时间移动。在"时间移动"模式中，时间的运动方向既定的情况下，观察者的视野方向可以反向变换。时空隐喻语言表征的不同，会引起由空间概念"前/后"所映射的时间概念的变化，观察者的运动状态和视野方向在对时间概念的不同识解和时间概念的表征形式上起决定作用。其实时间本无前后，正是人们的主观认知赋予了时间"前/后"概念，人们将抽象的时间通过空间隐喻具体化，将其拟人化，用具体的个人概念代指模糊抽象的时间概念。在时间认知的过程中，人们的主观认知水平被凸显出来，这也反映出人们隐喻能力的认知主观性。如当观察者面对时间时，"前程似锦"中的"前"表示将来；但当观察者的视野方向反向变换，即其背对时间时，"前尘往事"中的"前"则表示过去。

汉英两种语言中，在以自我为参照点的参照框架内，观察者往往把自己看作中心。因此，当谈论事件是否发生时，观察者总是以自己的存在为参照点。也就是说，观察者把说话的时间作为参照点来决定过去或将来。当某事发生时，那就是现在；当某事发生了，那就是过去；当某事即将发生时，那就是将来。在以观察者为中心的情况下，时间无论是动态的还是静态的，都是一个相对的概念，它取决于说话者构思时间的方式。由于时间的本质是抽象的，我们对时间的认知必然具有主观性。我们有不同的机制和模型来理解时间。语言是社会的产物，只有融入社会，才能使社会交际成功。在现实生活中，人们总是根据自己的观点、态度、立场、情感来编码时间，这种编码的过程是主观性的完全体现。

四　汉英"前/后"时间认知对比

汉英"前/后"时间认知对比总结如表 4-2 所示。

表 4-2　汉英"前/后"时间认知对比

参照点	类别	时间早晚	前	before	后	after
以时间为参照点		前为早，后为晚	√	√	√	√
以自我为参照点	时间移动	前为早，后为晚	√	√	√	√
	自我移动	观察者面对将来时 前为早，后为晚	√	√	√	√
		观察者面对过去时 前为晚，后为早	√	×	√	×

注：√表示可以表达此种时间类别，×表示不可以表达此种时间类别。

根据上文分析及表 4-2 可发现，汉英两种语言对时间概念的语言表征、对将来和过去的判断有相同之处，但也存在着差异。在以时间为参照点的时间表征形式中，汉英均是"前为过去，后为将来"。在以自我为参照点时，"时间移动"模式中，汉英时间概念均抽象为"前后"水平时间轴线，时间沿轴线移动。"自我移动"模式中，汉英均存在观察者面向将来的情况。但与英语不同的是，"自我移动"模式中的汉语还存在观察者面向过去的情况，这说明汉英母语者对过去和将来的时间概念的倾向不同。

汉英语言表征中对过去和将来的时间概念倾向不同，是因为汉英母语者对待过去和将来的态度不同。在英语国家的哲学思维中，人们应在恶劣的环境与障碍下征服大自然，为了达到这个目标，人们才必须接受代表着变化与革新的趋势，迎接将来。人们逐渐学会重视将来的时间，因为将来能为人们提供更多的机会。此外，基督教教义教导人们，每个人都有原罪。为了赎罪，人们必须向前看，寻找救赎，对他们来说，回到过去意味着回到那些没有提供救赎机会的罪恶中去，这就是为什么西方人在表达时间时倾向于采用面向将来的认知模式，即"前为早，后为晚"的模式，英语中有大量诸如以下的表达式，如：

（1）A wonderful life lay ahead of us.（美好的生活摆在我们面前。）

（2）I am looking forward to the next survey.（我期待着下一项调查。）

（3）He opened another five stores in the following years.

（在随后的几年里，他又开了五家店。）

相比之下，在儒家和道家的影响下，中国人往往更倾向于回首往事。另外，中国人从小就被教导要尊重长辈和前辈，祖先有着很高的地位和重要性，中国人崇拜祖先，并尝试从前辈的经验中学习知识，他们往往更加尊重教义和经验本身，遇到"史无前例"或"旷古未闻"的新事物时，他们往往不敢轻易地去做或面对，他们诉诸过去的经验来引导他们。中国的思想家们更加强调过去的重要性，如"温故而知新"(《论语》)、"前事不忘，后事之师"、"前人栽树，后人乘凉"、"长江后浪推前浪"。中国人对过去和将来的态度也说明面向过去的认知模式在汉语中很受欢迎。

第三节　汉英"左/右"时间认知

时间概念中还存在着另外一种时间轴线——由空间方位"左/右"映射而来的边轴线。[①]"左/右"方位是以自我为参照点，根据自身身体的两侧而确定的。在时空隐喻中，时间是有方向性和次序性的，但在空间概念中，"左/右"是从身体一侧到身体另一侧的对称性双侧维度，而不具有方向维度[②]，边轴时间与水平时

[①] Radden G. Spatial Time in the West and the East [C]// Brdar M, et al. Space and Time in Language. Frankfurt: Peter Lang, 2011.

[②] Jackendoff R. Parts and Boundaries [J]. Cognition, 1991, 41(1-3): 9-45.

间和垂直时间不同，没有方向性和次序性，因此，边轴线既不具备指示过去或将来的方位性，也不具备指示事件或时间的参照次序性，只能表达一个大概的时间，而"早"和"晚"的时间概念仍需依赖水平时间和垂直时间来确定。边轴时间在表达时间概念时的使用范围较小。汉语中，用"左/右"描述时间时采用的参照模式是时间或事件之间的相互参照，其表示不确定的时间，表示有可能是某一时间，也可能是其之前或之后的时间，而英语"left/right"并不表示时间概念。

一　汉语"左/右"时间认知

"左/右"来源于人们对自身左右手的认知，人们从最初对自己两只手的认知中区分出了"左"和"右"的概念。但"左/右"不涉及垂直方向和水平方向，其方向意义在隐喻过程中泛化，意义更模糊。表示"左/右"概念的方位词在本质上可以归入名词的类别，但用法要比一般名词更加复杂。复合方位词"左右"是对举词，从空间隐喻的角度出发，这一对举词也可以用在时间域中，表示约指概念，并非实指。"左右"是一种只表示大小而不表示方向的标量。空间方位词"左右"隐喻时间时，既可以被隐喻成连续性的时间段，也可以被隐喻成片段性的时间段。

首先，"左右"可以被隐喻为连续性的时间段。当表示时间量词的短语搭配"左右"时可以构成一个新的短语结构，其意义在于以这个时间量词的短语为核心，向左右两端拓展，将原本的时间短语泛化、模糊化，形成一个新的约指概念。搭配而成的新短语结构表示连续性的时间段，表达的时间量或者多于本意，或者少于本意，例如，可以将表示时间量词的短语"1万年、100年、20年、10年"，分别与"左右"概念搭配在一起，在搭配后，原有的时间概念模糊化，表示一个连续性的时间段，但并不确指。

其次，"左右"还可以与表示时间点的词语进行搭配以表示片段性的时间概念。搭配后的新短语以时间点为核心与参照点，分成前后两个部分，向两端拓展，表示片段性的时间概念，如"七点左右"和"初五左右"。需要注意的是，只有表示数量概念的时间短语才可以表示片段性的时间概念，并以此为核心与参照点。如果核心和参照点本身模糊不清，则不适用，如"圣诞左右"和"七夕左右"。遇到这种情况时，我们可以将这样的概念具体化，然后再搭配"左右"，这样就可表示片段性的时间概念。例如"3月21日""农历七月初七""5点""公元前三千年"都是表示定位时间的概念，将类似这样的时间概念作为核心和参照点并与水平概念"左右"进行搭配的短语分为两个部分，表示片段性的时间概念。从汉代开始，"左右"作为估量的概念就出现在史书中，而后便搭配"年、月、日、时、更"去表示约指的时间概念，原来指向数量的"左右"一词也通过隐喻映射到"时间域"中，让水平概念的"左右"隐喻化。"左右"时间-空间隐喻是方位词"左右"的空间域向目标域即表示约指"左右"概念的时间域的映射，中间可能会涉及作为交叉领域的数量域。概念隐喻映射遵循一致性原则（Invariance Principle），强调两个领域内部结构的一致性。正是由于表示空间概念的"左右"与数量域和时间域中的"左右"概念具有内部一致性，这构成隐喻产生的条件机制。从空间的角度出发，"左右"概念表示加合关系，通过隐喻映射到数量域中后不再表示加合关系，而表示约指数量概念，如"三个左右"，通过隐喻映射到时间域中后则表示约指时间概念，如"两点左右"。"两点左右"中的时间点固定为两点，这是个定量概念，加上汉字"左右"后，这个概念被约指概念化，进行了一次近似量化。"左右"通过隐喻映射到数量域和时间域中后构成选择关系，表示原有概念的约指概念，比原有的意义范围要更加模糊，更加宽泛，一维性的数量域和时间域与立体的空间域形成对应，三者统一起来。其实"两点左右"和"两点前后"在意义所指层面是一致的，这体现了人类认知的主观性。若是人们不从自身认知角度出发，必会将处于不同域的"左右"概念对立起来，加入个人主观思考后，发现其实三者具有内在统一性，构成选择关系，成为约指概念表达的基础。

　　汉语文化中的模糊时间观使人们在日常交往中常用模糊的时间表达，这样的时间观使人们在交往中拥有更大的灵活性。模糊时间观体现了中国人模糊思维和整体思维的认知方式，有利于人们从整体上把握事物。

二 汉英"左/右"时间认知对比

通过上文的分析可知,汉语"左右"在从空间域映射到时间域中后表示约指的时间概念,但英语"左/右"却不同。在英语语言表达中,表示空间方位左侧的词语为"left",右侧的词语为"right",这最初也来源于人们对自身身体的认知。"左右"概念也可以作为空间方位介词通过隐喻映射到时间概念之中,特别需要说明的是,"左右"概念在通过隐喻映射后创造出一个新的约指概念,其把原有的概念进行近似量化,而且"左右"概念主要体现在参照系理论指导下的水平维度上。这一点在英语中体现得并不是特别明显。在英语的语言表达习惯中很少会运用水平概念"左右"来表示此类约指概念,多数表达中会直接采用介词"about",如:

The earthquake continued for about two minutes.(地震持续了两分钟左右。)

第四节 汉英时间认知异同原因

通过对汉英时间语言表征的考察我们已经得知,汉英时间认知模式既有不同之处,也有相同之处。二者的差异之处可能是由中西方不同的生活环境、价值观念、历史文化、信仰、生活经验、习俗等因素引起的。二者存在相同之处，是因为汉英两种语言中的时间域和空间域之间都有相对应的系统，在时空隐喻系统中均保留了空间域中的维度、方向、参照点位置及观察角度等，而这些共性是源于人类对空间相同的身体体验和认知基础。

一 汉英时间认知不同的原因

通过前文对汉英时间认知的对比我们发现，汉语既有表"上下"垂直时间的用法，也有表"前后"水平时间的用法，而英语"up/down"用来表示时间概念的情况很少，而且多用于表"前后"水平时间概念。水平时间轴线和垂直时间轴线是时间的方向性在人类认知中的反映。尽管我们可以将时间方向人为定位为从上而下或从前到后，从下至上或从后到前，但通过对时间参照框架下汉英时间语言表征的考察我们已经得知，水平的前后方向上的时间定位是一种汉语和英语母语者普遍存在的思维方式，但汉语的时间认知是立体的，既有前后水平模式，又有上下垂直模式，汉语母语者更倾向于采用垂直空间模式对时间进行隐喻。英语的时间认知是一维的，只有前后水平模式。英语在"时间移动"和"自我移动"两种模式中，更倾向观察者（语言使用者）面向将来的模式，以将来为前，过去为后；汉语中两种模式均存在，但却在"自我移动"模式中表征了英语中所没有的过去在前，将来在后的时间概念。

汉语和英语时间认知模式的不同，反映了汉语母语者和英语母语者对自身和世界的不同认知。由于不同的文化观念、信仰、历史及生活环境，这两种语言在时间认知偏好上有所不同[①]。

对中国文化起到重要影响作用的儒家思想和道家思想均认为，"上天"神圣而不可侵犯，人们要遵守"天命"与"天道"。中国祭祀祖先的仪式、古代供奉的祖先牌位、各代家谱的书写，均体现了以上为尊的思想，总是将祖先放于最高处、最上端，因此"上"就意味着过去，汉语中就形成了"过去在上，将来在下"的时间认知模式。在中国几千年的历史文化中，人们一直崇尚祖先，重视先辈取得的经验与教训。受此影响，汉语倾向于采取过去的时间取向，因而也就有了汉语中的"过去在前，将来在后"的时间概念。在西方，将世界分为主体和客体的"天人二分"的哲学思想影响深远，强调了主体对客体的积极把控，作为主体的人要不断地进取创新，以达到认识并征服客体的目的。而将来即未知，主体人要积极勇敢，面向将来。所以，英语采取了将来的时间取向，形成了"将来在前，过去在后"的时间认知模式。另外，西方的基督教也认为高高在上的上帝无所不知，人们要了解将来，获得新知，要不断从上帝那里获得启迪，所以，英语中也有"将来在上，过去在下"的时间认知模式。

再者，由于人们对待事物的角度和方法不同，人们也就会对

---

① 赵艳芳. 认知语言学概论 [M]. 上海：上海外语教育出版社，2001.

事物有不同的认识，这些认知差异也会体现在时空隐喻认知上，这也是不同的时间认知模式产生的原因。

二 汉英时间认知相似的原因

由于汉英母语者在汉英两种文化中有着相似的经验基础、相似的认知特征、思维过程和身体体验，其汉英时间认知具有相似之处。汉英时空隐喻虽然受不同的生活环境、历史传统、价值观念、信仰、习俗等因素影响，但是汉英两种语言中的时间域和空间域之间都有相对应的系统。汉英两种语言中表时间概念的词汇中的很多都来自空间概念，在时空隐喻系统中均保留了空间域中的维度、方向、参照点位置及观察角度等。这些共性源于人类对空间相同的身体体验和认知基础。

汉英时空隐喻的相似现象说明，就像多数普遍的人类经历一样，人类的时间心理经历，产生并建构了"泛人类的经历基础"[①]。正是由于人类具有相似的生理特点、社会经验、思维过程以及认知能力，这决定了人们对时间的经历和知觉相似，那么，汉英语言中也就会产生相似的时间认知模式。

人类的认知结构来源于人的自身身体体验，人类以自身的知觉、社会和物质经验为基础，对直接概念的基本范畴和抽象认知范畴进行组织和建构。人类的身体体验为概念隐喻提供了物质基

---

① Lakoff G. The Contemporary Theory of Metaphor[C]// Ortony A. ed. Metaphor and Thought. 2nd edn. Cambridge: Cambridge University Press, 1993: 218.

第四章 汉英时间域认知

础，从而与概念隐喻紧密相连。我们通常会向前看，或者是朝我们移动的方向看，或者是看人或事物向我们移动，因此就会产生"时间移动"和"自我移动"等隐喻模式。

第五节　汉英时间域语义拓展及认知小结

一　汉英时间域语义拓展

时间认知以空间认知为基础，是空间认知通过隐喻映射而来的，所以空间域中的语义拓展到时间域中后，既保留了空间域的结构特点，又体现了人们因受社会和文化等因素的影响而在对时间模式的选择上存在的不同，具体表现如图4-2所示。

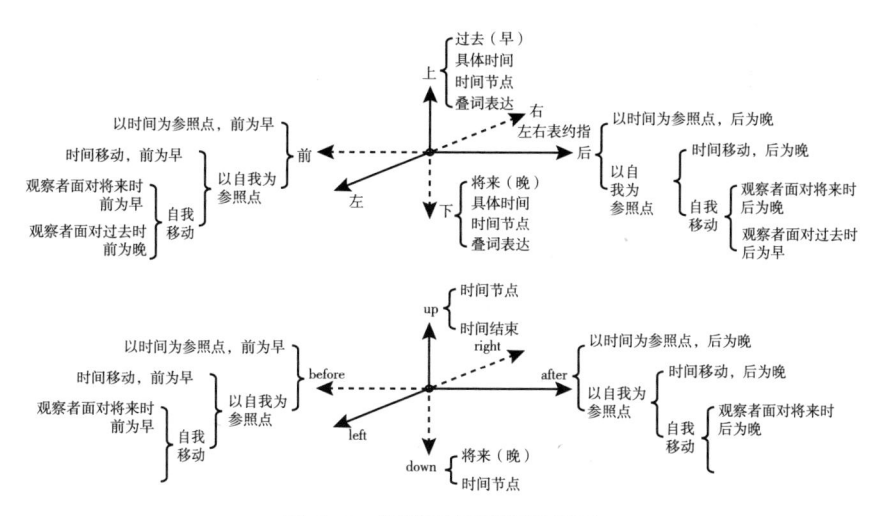

图4-2　汉英时间域语义拓展

二 汉英时间域认知小结

本书第二章将传统的"时间移动"和"自我移动"时空隐喻模型与 Levinson 的参照框架相结合，构成新的时间参照框架，因此本章以此为理论依据对具有一维性的时间认知进行了汉英具体语言表征及主观性的对比分析。通过对时间参照框架的考察我们已经得知，汉英两种语言中的时间域和空间域之间都有相对应的系统。汉英两种语言中表时间概念的词语中的很多都来自空间域，在时空隐喻系统中均保留了空间域中的维度、方向、参照点位置及观察角度等。这些共性源于人类对空间相同的身体体验和认知基础。水平的前后方向上的时间定位是一种汉语和英语母语者普遍存在的思维方式，只是在具体的认知模式上，汉英的倾向各有不同。

第一，汉英时间认知模式不同。汉语的线性时间既有垂直时间也有水平时间，在线性时间轴上时间概念的空间关系表现为上下参照和前后参照，方位词"上/下""前/后"被用来表征时间。从这个意义来看，我们可以说汉语的时间认知是由垂直和水平构成的立体认知模式。英语中的线性时间更多是水平时间，在水平时间轴线上的空间关系表现为前后参照，所以英语的时间认知主要是水平认知模式，主要使用"before/after"这一表前后方向的词表征时间。

汉语的时间认知模式是立体的，既有前后水平模式，也有上下垂直模式，汉语母语者更倾向于采用垂直空间模式对时间进行隐喻。英语时间认知是一维的，主要是前后水平模式，英语母语者倾向采用水平时空隐喻模式。在"时间移动"和"自我移动"两种模式中，英语更倾向采用观察者（语言使用者）面向将来的模式，以将来为前，过去为后；汉语中两种模式均存在，但却在"自我移动"模式中表征了英语中所没有的过去在前，将来在后的时间概念。

第二，表征时间概念时，汉语"上／下"比英语"up/down"的应用范围广。在垂直时间轴线上，由汉语含"上／下"语义的空间词汇表征的时间概念体现了时空隐喻关系。英语中尽管也用"up/down"来表示时间概念，但它与汉语并没有呈现出一一对应的关系，应用范围也远远低于汉语。汉语中，垂直维度时间词汇的丰富性体现了人类的空间认知向时间认知转换的共性。

第三，汉语中还存在着一种由空间方位"左／右"映射而来的边轴线，这是以自我为参照点的时间轴线。空间方位词"左右"隐喻时间时表示的是约指的时间概念，并非实指，既可以被隐喻成连续性的时间段，也可以被隐喻成片段性的时间段。在英语的语言表达习惯中很少会运用水平概念"左右"来表示此类约指概念。

隐喻的基础是相似的经验，类似经验的形成与文化因素密切相关，如价值观、信仰、历史传统等。[1] 它们不可避免地会影响

---

[1] 王永红．从汉英时间隐喻之异同看隐喻与文化的关系 [J]．武汉理工大学学报 (社会科学版)，2001 (2):171-175.

人们的视角点及构建世界的思维方式。英汉时空隐喻的异同是由经验相似性的差异所决定的。在隐喻概念化的过程中，我们有基于文化不同而不同的认知模式，这些模式导致了对时间识解和表征方式的不同，如水平时间认知模式和垂直时间认知模式，自我是面向将来还是面向过去。从这个角度看，无论是选择什么样的参照框架或参照点，用什么样的语言来表征时间或时间次序，都反映了说话者的主观心理过程及状态。总的来说，人们对时间的理解本质上是主观的。

  话语会不可避免地传达说话者的自我印记，时间表达也不例外。人们很早就注意到了语言中的时间主观性问题。对时间概念采用参照框架进行识解与认知时，无论参照点是具体时间还是观察者，说话者总是会从自己的视角选择参照点对时间进行描述，从而使表达不可避免地会呈现主观性。

  在本章分析的"上下"垂直时间轴线、"前后"水平时间轴线以及"左右"时间轴线中，时间均是主观性时间的具体语言表征。黄正华指出，主观性时间超过客观时间，从而奠定了人类存在的基础和价值。[①] 时间认知框架下的汉英语言表征及思维模式的异同，源于人们对三维空间的选取倾向，而影响其选取倾向的根源则是不同的社会文化背景。

[①] 黄正华. 时间概念的根据[J]. 山东科技大学学报(社会科学版), 2006(2):1-7.

·第五章·

汉英状态域认知

　　方位词"上/下""前/后""左/右"隐喻就是空间隐喻中的一种。空间隐喻作为隐喻的一种，是人类认识客观世界的一种基本方式，为人类提供一种重组个人世界的工具，它与我们的生理构造特点和我们观察事物的方式有着密切的关系。基于以往所具备的身体经验与认知，人们用抽象的思维方式去理解和体会其他未知领域中语言的一般性规律。汉英三维空间通过隐喻可以映射到状态域中。状态是抽象的，通过状态－空间隐喻，人们可以更好地理解状态域从而形成对事物恰当的评价体系。

第一节　汉英"上/下"状态域认知

汉英"上/下"的隐喻义源于其基本方位义，下面对其状态域认知进行分析。

一　汉英"上/下"状态域认知的相似点

汉英空间方位词"上/下"映射到状态域中后，依然保留了"上/下"空间系统的基本结构，所以二者相似的空间特性也会体现在状态域中。

（一）"上/下"表品质

汉语"上/下"本义表空间位置的"高/低"，映射到品质状态域中后，"上"表示质量好、品质高。如：

（1）中国"入世"，对老百姓最为有利，老百姓会获得最大实惠。比如，在日用消费品方面，人们可以花更少的钱买更多质量上乘的商品。

（2）"三废三废，弃之为废，用之为宝。"从某种意义上说，"三废"是一种资源。炼钢厂的钢渣，对钢厂来说是废渣，可对水泥厂来说是一种上好的原料。

（3）马戛尔尼使节的预备是很费苦心的。特使乘坐头等兵船，并带卫队。送乾隆的礼物都是英国上等的出品。

（4）色泽翠绿，白毫似雪的茶叶是茶中上品。

四个例句中的"上乘""上好""上等""上品"都表示"质量、品质极好"之意。

"上"和"下"在表示品质概念时，"上"对应品质高，而"下"对应品质低。如：

（5）我渐渐明白，世间最可厌恶的事莫如一张生气的脸；世间最下流的事莫如把生气的脸摆给旁人看。

（6）她用拐杖一指梦寒："你给我从实招来，他们去了什么地方？我现在都明白了，她会停止绝食，就是你在给她出主意，你放走了她！你这个吃里扒外的下贱女人！咱们家就败在你手上，毁在你手上！"

例句中的"下流""下贱"原指出身或社会地位低下、低贱，用来骂人，有"卑劣"之义，类似的还有"下三滥"。

英语"up/down"在表示品质概念时，"up"指纯洁与美德，"down"指堕落与卑劣。在人类社会中，品德高尚是人们普遍认同的做人的道德标准，纯洁的品质与高尚的道德受到推崇，被置于高高在上的位置，是"up"；而堕落和卑劣是不被人们所接受的，被认为是下作的行为，因此为"down"，如：

（7）This aged man, who usually looked so benevolent, was now low-down.（这位平时看上去慈祥的老人家，现在却是一个卑鄙的人。）

（8）You're probably beginning to appreciate the down side of page caching: complexity.（现在，您可能开始感觉到页面缓存的些许缺点了：复杂性。）

例（7）中的"low-down"表示"下等的；卑鄙的，下流"之意；例（8）中的"down side"指"不好的、不利的"。

（二）"上/下"表情绪

汉英"上/下"均可通过隐喻映射到情绪状态域中，"上"为高兴与快乐，"下"为悲哀与沮丧，如：

（1）那个没有冰激凌的酷暑我竟然开心得像上了天一样。

（2）听到爸爸生病的消息，我的心一下子沉了下去。

（3）The mood here is resolutely up.（这里的情绪十分高昂。）

（4）I feel a bit down today.（我今天有点情绪低落。）

(三)"上/下"表成败

汉英"上/下"可以被隐喻为生活状态域中的成功与失败、积极与消极,"上"为成功的、好的、积极向上的,"下"为失败的、坏的、消极向下的,如:

(1)他的事业正处于上升阶段。

(2)我爸的生意继续走着下坡路。

(3)My relationship with him was up and down.(我与他的关系时冷时热。)

(4)The club has been on the up and up since the beginning of the season.(从本季开始,这个俱乐部便日益欣欣向荣。)

(5)Every business has its ups and downs.(每一种生意均有其兴衰。)

(6)Our system should be up by this afternoon.(到今天下午,我们的电脑系统应该运行起来了。)

(7)The system was down all morning.(系统整个上午都无法运行。)

(8)At the end of the day we were £20 down.(一天下来我们少了20英镑。)

例(1)中的"上升"意味着人生处于成功阶段;例(2)中

的"下坡路"说明生意衰落、不景气；例（3）中的"up and down"指时好时坏；例（4）中的"on the up and up"指越来越好、蒸蒸日上；例（5）中的"ups and downs"为"兴衰，成败，浮沉"之意；例（6）、例（7）中的"system（系统）"可以运行表示其处于好的、积极的状态，反之则处于坏的、消极的状态，这点也完全符合"up/down"表示的从空间域映射而来的感情色彩；例（8）中的"down"指损失了钱财，也是失败、消极状态的表现。

"up/down"的空间隐喻与太阳的上升和下降有关，太阳升起给人们带来了光明和希望，太阳下山后，黑暗笼罩着大地，于是人们把"up"与好的、积极的事物相联系，把"down"与不好的、消极的、次要的、低贱的事物联系在一起。

（四）"上/下"表程度

汉语"上/下"可以表示程度。"上"表增加、增高，"下"表降低、减少，如：

（1）美元下跌，推动美国原油期货上涨，令期货合约收在每桶71.31美元。

（2）《华盛顿邮报》本月曾报道称，由于无家可归者人数上升，华盛顿特区已不堪重负。

（3）今年第一季度全球钢铁需求较上年下滑了40%，发达国家的需求目前还在下降。

英语"up/down"也可以表示水平提高/降低，即"up"通常指多、大、高、强，"down"通常指少、小、低、弱。如：

（4）Sales are well up on the last year.（销量比去年大幅增加。）

（5）She turned the volume down.（她把音量调小了。）

（6）The wind is getting up.（风渐渐大起来。）

（7）The price of stock moves up and down with the market.（股票的价格随着市场潮涨潮落。）

此用法可以表示数量、水平、音量、价格、力量或活动等的增减、升降、变强或变弱等。

（五）"上/下"表运转

汉语"上/下"可以表示预想运转状态。"上"表示进入预想运转状态、开始，"下"表示结束运转状态，如：

（1）上班、下班
（2）上课、下课

"上班""上课"中的"上"表示到规定时间开始工作或学习。"上"的动作的起点为开始，"下"的动作的终点为结束。这种用法的经验基础是：太阳起落的规律是日出为上，日落为下。

人们也会依此规律安排每天的生活与工作，自上古以来就有了"日出而作，日落而息"，如《庄子·让王》："日出而作，日入而息，逍遥于天地之间而心意自得。"既然日出为上，日出而劳作，人的认知过程中自然会产生从空间方位的"上"到"开始劳作"的隐喻映射，相应地，也就有了从空间方位"下"到"开始休息"的隐喻映射。"上班""上学""上课"即一天劳作的开始，"下班""下学""下课"即一天劳作的结束。所以"上班""上课"和"下班""下课"中的"上"表示开始，"下"表示结束。

英语"up"也有类似用法，"down"则没有此用法，但"up"却表达了与"上"相反的含义，表示时间结束或动作完成，如：

（3）I have some paperwork to finish up.（我有些文案工作要做完。）

（4）The government agreed to set up a committee of inquiry.（政府同意成立调查委员会。）

（5）One down and only six more to go.（已完成一个，仅剩六个了。）

汉语"下"可以表示确定的结果，即预想的思考状态结束后做出决定、判断等，如：

（6）下决心、下判断、下结论

"下"表示的"做出（言论、判断等）"意义也是从由高到低的向下运动的本义演化而来。"判断"本身就与表示"下"的动作有关。《说文解字》中，"判"是"分也，从刀半声"。这是一个会意字，声从半，义从刀，意思是用刀分开。《康熙字典》中，"断"是"断也，分成异段"。《说文解字》中，"斤"是"斫木也，象形"，即"斤"是砍木用的斧子。所以，"断"就是用斧子将木头断开之意。经验基础表明无论是用刀砍开，还是用斧子劈开，都是人举起工具向下用力的动作，所以才有了"下判断"的说法。"下结论""下定义"的意思是经过判断给出结论或定义，"结论""定义"与"下"搭配使用。同时，"下决心"中"决心"与"下"的搭配也有其经验基础。日常生活中我们会发现当一物体处于越接近地面的位置时其状态会越稳定，而越远离地面甚至吊在半空时越容易受影响而摇晃不定。所以在表达心情稳定与否时就有了"心都提到嗓子眼儿了"或"放心了"的说法。当心提上去的时候就是心的位置升高了，从而表达心情不稳定、担心；当心放下来的时候就是心的位置降低了，从而表达心情平稳、踏实。"决心"就是指心里的想法不再动摇了，甚至是意志坚定，所以表达这一动作时就用了"下"，以表示稳定、坚定。同样的还有"下决定"等，用"下"表示稳定性和确定性。

英语"up"可以表示进入做决定的状态之意，如：

（7）Shall we eat out or stay in? It's up to you.（吃饭还是待在家里？你决定吧。）

汉语"上"在表示由低到高的动态位置关系变化时，可以被隐喻为具体的动作开始的状态，如：

（8）上茶、上菜、上饭等
（9）上颜色、上药、上漆

例（8）中的词语是表示将饭菜等端上桌子，说明即将进入日常喝茶、吃饭的预想状态。图形"茶""菜""饭"从背景"桌子"下方沿着由低到高的路径被移动到桌面上。例（9）中的词语也表示开始进入对事物进行打理、修复的工作状态。

汉语"下"在表示由高到低的动态位置关系变化时，可以被隐喻为预想的准备状态结束，如：

（10）下种子、下面条、下网捞鱼（"下"表示"放入"）
（11）下雨、下雪 ["下"表示"（雨、雪等）降落"]
（12）下围棋、下象棋等 ["下"表示"进行（棋类游戏或比赛）"]

例（10）中的词语表示在一系列的准备活动如犁地、烧水、布网等结束后将要进行的结果性动作。例（11）中，雨、雪的降落也是在云系形成及温度、湿度等达到预想状态后所发生的。例（12）中，下棋是经过深思熟虑而最终有的动作。

（六）"上/下"表方向

汉语"上/下"除了表示位置上的高/低，还可以接表示地理方位的词，在地理方位上表示南北，这就是"上北下南"的概念，如：

（1）所以才有了乾隆皇帝下江南，有四次都是住在这里的故事。

（2）随着1839~1842年的鸦片战争，洋泾浜英语北上传入上海等其他贸易港口。

（3）每当周五下午，我们全家和菲比都会驱车从曼哈顿北上。

（4）当瑞典人加入战局时，瑞典国王阿道夫率领庞大且久经战阵的军队南下，他们给中东造成了巨大的破坏，人们饱受战争之苦。

汉语中一直有"北上""南下"的说法，上面四个例句中的汉语表达就都用到了"北上""南下"。汉语的这种说法与人们认识客观世界的经验基础有关。中国地处北半球，房屋一般都是向阳而建的，即房屋面南背北而建，正门、正窗都建在房屋的南侧一面。人们无论是在屋内还是外出活动，人的正面面对的都是南方。这是人们最先以南为上的原因。中国古老的地图是以南为上的，如1973年12月发掘的湖南长沙市东郊马王堆三号汉墓出土的中国早期地图，绢底彩绘，成图于公元前168年以前，原图本无名，后取名"地形图"，现藏于湖南省博物馆。此图方位为上南下北。由于出行越来越便利，人们的活动范围远远超出了其房屋的周围，甚至远至山川与大洋。以人的自身来定位南北已经无法满足人们出行活动的需求，所以后来人们便以北极星定位，以上北下南为准了。地图上的方位也是以人们的需求为标准而定的，因此就有了"上北下南"的观念，而人们出行时自然会参考地图。

在方向状态域中，英语"up/down"也存在着和汉语相同的表达，可以指南北方向，即"up"为向北，"down"为向南，如：

（5）They've moved up north.（他们已搬到北部去了。）
（6）They flew down to Texas.（他们乘飞机南下去了得克萨斯。）

例（5）中的"up"与"north"相对应；例（6）中没有出现意义为"南"的"south"，而是直接用意义为"下"的"down"来表达"南下"的概念。

二 汉英"上/下"状态域认知的不同点

汉英"上/下"在空间域中存在着语义负担程度、对空间维度的区分、空间垂直与水平距离的划分、语言内部不对称等方面的不同，其中有些差异在汉英"上/下"从空间域被映射到状态域中后得以保存。

（一）汉语"上/下"表范围

汉语"上/下"既可以表示"点"和"线"（一维）的空间概念，也可以表示"面"（二维）的空间概念。而"面"本身就是二维空间范围，所以"上/下"可以表"范围"。

（1）科举和官学教育各自在目标、内容和形式上存在的差异，是二者冲突的根源。
（2）在某些事上他行为不端。
（3）国王在此问题上拿他的王冠冒险。
（4）在工作上没有什么不同，大家都是为了薪资，名望，或得到某人赏识而努力工作。
（5）那是归在我个人名义下的钱，我能独立使用。

从以上例句可以看出，汉语的"上/下"均表"范围"，尽管这种"范围"所涉及的维度很广，包括点、面、体，但汉语在空间方位关系的表达上比较关注二维的"面"，在空间隐喻映射时这种"面"的偏好也会在目标域中保留，"上/下"被直接用来表"范围"状态。但英语对维度区分得更仔细，"up/down"表示空间距离，所以也就映射不到范围状态域中。

(二)汉语"上"表媒介

汉语"上"可以表示"媒介",但英语"up"并无此用法。此时汉语和英语也没有"下"的对应表达,即"下"没有表示"媒介"的用法。如:

(1)1984年的秋天,约翰·托林通的头像出现在全国的报纸上。
(2)我喜欢看电视上一年一度的玫瑰花车游行时那些被鲜花所覆盖的花车。
(3)她坐进丰田车里,发动了引擎,在收音机上找到摇滚乐。

例句中的"报纸""电视""收音机"都是客观存在的实体。但在认知上,汉语方位词"上"被隐喻化,"报纸""电视""收音机"共有的"面"特征得以凸显,所以媒介内容被隐喻为与作为二维平面的媒介形成接触关系,代替了原本的媒介与其内容的包含关系。

(三)汉语"上"表场合

汉语"上"可以表示场合,但英语"up"无此用法。此时汉语和英语也没有"下"的对应表达,即"下"没有表示场合的用法。

（1）他们在一次大会上争吵，过后又在报纸上互写措辞尖刻的话。

（2）李教授在毕业典礼上作了一个简短的讲话。

（3）我的表弟肯总是在课上与别人说话。

三个例句中，汉语"争吵"、"讲话"和"说话"通过隐喻被映射到"大会"、"毕业典礼"和"课堂"的二维平面上，这使其视觉效果被凸显出来。

（四）汉语"上"表处所

汉语"上"还可以被隐喻为到某个地方去，表示人们出行的状态，如：

（1）他上哪儿去了？

（2）女人会为这些事情穿戴整齐：上街、浇花、清理垃圾、接电话、看书、取邮件。

"上"的语义从表示"方位"拓展到表示到达这一位置的动作的"到、去"时，"上"没有表示高低方位、方向、等级或心理上的差别的含义，如例（1）中的"上哪儿去"、例（2）中的"上街"。语言是不断发展演变的，而在演变的过程中语言的选择受语言经济性原则支配。"上"从基本义拓展到表达动作的"到、去"之义就是语言演变的结果。"上"和"下"的基本义表位置高低，语义完全对立，两者具有不同的意义，但在演变的过程中同时泛化。人们在日常交际中遵循的是语言的经济性原则，即省时省力原则，而"上/下"在表示"到达这一位置的动作"时，没有语义对立，所以语言会选择其中一个相对比较显著的词来表达这个意义。在心理学上有知觉显著性的概念，即那些成为人们注意力焦点的信息常常被认为是更为重要的信息。在"上/下"对立的意义中，"上"表示位置高、时间在前、等级或地位高，而"下"则表示位置低、时间在后、等级或地位低。在日常生活中人们注意力的焦点更容易集中于"上"，因为"上"比"下"更突出、更具吸引力。在表示"到……/去……"的意义时，"上"的使用频率高于"下"，所以就容易形成泛化，而泛化也会促进其使用频率的提高。在汉语"上"的语义泛化过程中，语义明显受人们的主观选择倾向影响。在表示去某个地方时，人们常用"上哪儿去、上街、上厕所、上商场、上学、上饭店"，而不用"下哪儿去、下街、下厕所、下商场、下学校"，相应地，英语也直接用了最基本的表示"去"或"吃"的动词"go"或"eat"，后接表示目的方向或处所的词。英语用实义动词非常具体地表达了"到……/去……"的概念，比较客观地描述了主语进行的动作。

当然，汉语中也有"上饭店、上馆子"和"下饭店、下馆子"的说法，此时"上"和"下"已经有了语义对立和地位高低之分，即通过隐喻映射到了社会域中。关于此问题，本书会在第五章里进行分析。

（五）汉语"下"表条件

汉语"下"可以表示条件，但英语"down"并无对应用法，汉英"上"也不能表示条件。

（1）年轻人可以工作两三年，在父母的帮助下买辆车。
（2）他们在最困难的条件下长时间工作。
（3）在一定条件下，一维复空间中存在单值性定理。

例句中的"下"指某具体动作在一定的状态基础上进行或者完成，表示"条件"。

三　汉英"上／下"状态域认知对比

汉英"上／下"状态域认知对比总结如表 5-1 所示。

表 5-1　汉英"上／下"状态域认知对比

异同	类别	意义	上	up	下	down
相似点	品质	上为好，下为坏	√	√	√	√
	情绪	上为开心，下为低落	√	√	√	√
	成败	上为积极，下为消极	√	√	√	√
	程度	上为大、高、强 下为小、低、弱	√	√	√	√
	方向	上为北，下为南	√	√	√	√

续表

异同	类别	意义	上	up	下	down
不同点	范围		√	×	√	×
	媒介		√	×	×	×
	场合		√	×	×	×
	处所		√	×	×	×
	条件		×	×	√	×

注：√表示可以表达此种状态类别，×表示不可以表达此种状态类别。

根据上文的分析及表 5-1，汉英"上/下"状态域认知的相似性和差异性均比较明显。当"上"与"下"语义完全对立、强调高低位置关系时，从空间域映射到状态域中后，汉语"上/下"与英语"up/down"的隐喻极为相似，能基本形成一一对应关系，既保留了空间域的特性，又体现了状态域的特征，即在品质状态、情绪状态、成败状态、程度状态、方向状态五方面均形成一一对应关系，而且在状态域中的"上"与"下"、"up"与"down"的语义仍然对立。在五种状态中，除了方向状态中不强调"上"与"下"的好坏、强弱对立，其他四种状态中均是"上"与"up"为好的、积极的、理想的、强的状态，"下"与"down"为坏的、消极的、不理想的、弱的状态。但相对而言，汉语"上/下"在品质状态、情绪状态、成败状态、程度状态中的应用范围更广。以下分三点对"上/下"状态域中汉英对比异同点和汉语语言内部的不对称进行总结。

第一，汉英"上/下"状态域认知存在相似性。状态-空间隐喻是以人类长期的身体体验为基础的。由于人类的生理基础及生活体验具有相似之处，人类的思维方式与语言表达就会有相似点，汉英两种语言的母语使用者也毫不例外。人们的积极状态通常与身体姿势有关，人们在处于积极状态时昂首挺胸、精神焕发，在处于消极状态时垂头丧气、萎靡不振；在身体对抗时，身材高大、力量强的人容易占据上风、获得胜利，反之则败为下风；随着人们出行范围的扩大，出行时会以高悬的北极星定位，地图便以"上"为北。

第二，汉英"上/下"状态域认知也存在一定的差异性。表示范围、媒介、场合、处所、条件这五种状态是汉语"上/下"的用法，英语"up/down"并没有与汉语相对应的用法。这与汉英"上/下"在空间域中所存在的语义负担程度、对空间维度的区分、空间垂直与水平距离的划分等方面的差异有关。汉语空间域中，"上/下"的语义负担较重，因此其在被映射到状态域中后语义覆盖面依然较广，对空间维度不做区分，映射到状态域中的维度自然会超越上下高低立体空间概念的映射范围。总之，在静态空间内，图形与背景的点、线、面、体或点、线、面、体之外的空间范围形成距离、接触或包容关系，构成了拓扑意义上的"上/下"。而当背景是抽象范围时，图形是此范围内的具体事物；背景是媒介时，图形是媒介的内容；背景是场合和处所时，图形是其中的具体实体；背景是条件时，图形则是具体事件。这些具体的和抽象的图形与背景的关系是"上/下"隐喻概念形成的基础，而隐喻映射正是人类认知主观性的重要体现。

第三，在范围、媒介、场合、处所、条件这五种状态中，汉语语言内部的"上"与"下"表现出了极大的不对称性。"上"与"下"的不对称首先是因为其原型的不对称,通过隐喻映射,"上/下"从空间域向其他目标域拓展,从而引起了新的不对称。语言中的不对称是普遍存在的现象。这种不对称也是语言凸显性及语言经济性原则共同作用的结果,是人类认知主观性的重要体现。

第二节 汉英"前/后"状态域认知

空间域中,汉英"前/后"的基本义是表示空间的水平方位关系,这种空间方位关系可以通过隐喻映射到抽象的状态域中。汉英"前/后"状态域认知基本保持一致,但也稍有差异。

一 汉英"前/后"状态域认知的相似点

第三章的汉英三维空间认知对比已经表明,在"前/后"水平方位关系中,汉英语言表征差异性相对较小,所以在空间域的结构特点通过隐喻被映射到状态域中后,汉英状态域认知具有很大的相似性。

(一)"前/后"表公开与隐秘

汉英"前/后"在状态域中的隐喻表达具有一致性。根据人体直接体验，汉英均以视觉所向的"正面"为"前"，反之为"后"。所以，人们便会以眼睛看得见的、公开的为"前"，眼睛看不到的、隐秘的为"后"，如：

（1）他只是在前台表演，幕后还有人指挥。
（2）当时转学好像是非常容易，似乎没有走什么后门就转了过来。

例（1）中的"前台"指的是"公开的地方"，而"幕后"则是"私下的、隐秘的地方"。"前台"原指的是"舞台面对观众的部分，是演员表演的地方"，是供观众欣赏的区域，所以引申为"公开的场合"；"幕后"指的是"舞台帷幕后面的部分"，是进行各种演出准备工作、不为观众所看到的地方，因此引申为"公开活动后面的策划等活动"。例（2）中的"后门"原指"房子、院子等后面的门"，这里指"不正当的、通融的、舞弊的途径"，因为房子或院子的"前门"是公开的，可以供人们进出的，但"后门"通常是隐蔽而私密的，外人是不能进入的。汉语中类似的说法还有"背后捣鬼""后院起火""后台老板"等。

相应地，英语中的"back"也有类似的用法，"backdoor（后门）"和"backyard（后院）"及"behind one's back（背后）"就是比较典型的例子；"front"常表示"较为公开的，非法或秘密活动的掩护者"，如：

（3）Critics say this amounts to a backdoor amnesty for illegal aliens.（评论家认为这等于对非法移民的变相特赦。）

（4）Russia has long wished to keep the West away from its backyard.（俄罗斯长久以来都渴望让西方国家远离他的后院。）

（5）It is a firm identified by the police as a front for crime syndicates.（那家公司后来被警察证实是为犯罪团伙做掩护的。）

例（3）中的"backdoor"是"不正当的、营私舞弊的"，与汉语的"后门"引申义相同；例（4）中的"backyard"是指"国家势力范围"，这种范围是私密的，不能为他国所侵扰的；例（5）中的"front"是指"非法或秘密活动的掩护者"，非法或秘密活动是隐蔽的，而作为这种活动的掩护者则处于较为公开的状态。

（二）"前/后"表进攻与备防

汉语中，"前"可以表示进攻，"后"可以表示后备与防御。这是因为在两军交战时，冲在前面的是与敌人直接作战的前锋进攻力量，而后面的则是战略指挥中心和后备防御部队。汉语中有很多这样的表达。汉语中的"前线"指"作战时双方军队接近的地带"，"前沿"为"防御阵地最前面的边沿"；"后备"是"为补充而准备的（人员、物资等）"，"后路"表"军队背后的运输线或退路","后勤"则是"后方对前方的一切供应工作","后援"指"援军,泛指支援的力量"。如今上述这些词已不仅仅用于战争领域,而是引申到日常生活的其他方面,如:

(1)企业的领导身临前线,跟工人群众打成一片。("前线"指生产的第一线)

(2)高校后勤不是单纯追求赢利的经济实体,而是肩负着服务、管理、经营、育人的责任。("后勤"指机关、团体等的行政事务性工作)

相应地,英语中的"front/back"也有这方面的表达,如:

(3)to serve at the front(在前方服役)
(4)fighting a war on two fronts(在两条线上战斗)

例(3)和例(4)中的"front"表示"(战争的)前线,前方",是战争双方互相进行攻击的场地。

(5)His defence says it has found a new witness to back his claim that he is a victim of mistaken identity.(他的辩词称已经找到一位新的证人来证实他是弄错了身份的受害者。)

(6)What if your boss or your backup needs to use this script while you're away?(您不在的时候如果您的老板或后

备人员需要使用这个脚本，怎么办？）

例（5）和例（6）中的"back"有"支持，证实"之义，其合成词"backup"指"备份；后补"，所以"back"可表示备防之意。

（三）"前/后"表勇敢与畏缩

通常勇敢者前行，胆小、羞怯者跟随或躲避在后，所以"前"表示大胆、勇敢，"后"表示胆小、畏缩。汉语中就有"勇往直前""畏缩不前""前仆后继""仓皇后退"等说法。再如：

（1）他好像什么都怕，不喜欢站在众人面前。
（2）即使山崩地裂，我们决不后退。

在英语中，个别情况下的"front"会有这样的用法，多数情况下常用本义是"向前"的"forward"表示大胆、鲁莽、冒昧的。此用法中用"back"的时候也很少，多用"backward"表示腼腆、羞怯、落后的，如：

（3）When they see a white face they thrust themselves in front of it and go for the arm.（当他们看到一张白色的面孔时他们就会冲上前去拉着胳膊。）

（4）Bandit stops moving, and Brian backs off.（班迪特站定了，而布莱恩退后了。）

（5）My father thinks she's far too forward for a young girl.（我父亲觉得，作为一个小女孩来说她太莽撞了。）

（6）She's backward in coming forward.（她不敢站出来。）

二 汉英"前/后"状态域认知的不同点

汉英"前/后"在状态域中有以上的用法一致性，但也有差异性。

（一）英语"front（前）"表情感隐秘

英语"front"还表示情感的隐秘状态，如：

（1）Rudeness is just a front for her shyness.（她的粗鲁只是为了掩饰她的羞怯。）

（2）It's not always easy to put on a brave front for the family.（常为家人装出勇敢的样子并不容易。）

例（1）与例（2）中的"front"是由"front"的空间域拓扑义"人或物的正面"映射到状态域中的。"front"作为物体的正面，是事物首先被关注的地方，也具有遮挡的功能，所以在状态域中可以表示遮掩内心，表示情感的隐秘状态。而汉语"前"在空间域中没有"人或物的正面"之义，因此也就没有相应映射。

（二）英语"back（后）"表恢复原状

英语"back"可表示恢复原状，而汉语"后"却没有此用法，如：

（1）Please give me my ball back.（请把我的球还给我。）

（2）He'll be back on Monday.（他星期一回来。）

（3）We were right back where we started, only this time without any money.（我们又回到了起点，只是这次一点钱也没有。）

例（1）中的"back"指"归还"，是将"球"送回到"我"的手中，恢复"我"真实拥有的状态；例（2）中的"back"是"返回"，指回到出行之前的地方；例（3）中的"back"指"恢复到以前的状态"。

三 汉英"前/后"状态域认知对比

汉英"前/后"状态域认知对比总结如表5-2所示。

表 5-2 汉英"前/后"状态域认知对比

异同	类别	前	front	后	back
相似点	前为公开，后为隐秘	√	√	√	√
	前为进攻，后为备防	√	√	√	√
	前为勇敢，后为畏缩	√	√	√	×
不同点	前为情感隐秘	×	√	×	×
	后为恢复原状	×	×	×	√

注：√表示可以表达此种状态类别，×表示不可以表达此种状态类别。

根据上文的分析及表 5-2，汉英"前/后"状态域认知的相似性比较明显。当"前"与"后"语义完全对立、强调前后位置关系时，其空间域中水平位置的相似映射到状态域中后，汉语"前/后"与英语"front/back"的隐喻极为相似，基本能形成一一对应的关系，既保留了空间域的特性，又体现了状态域的特征，即在公开与隐秘状态、进攻与备防状态两方面均形成一一对应关系，而且在状态域中"前"与"后"、"front"与"back"的语义仍然对立。在这三种状态中，"前"与"front"为公开的、进攻的、勇敢的状态，"后"与"back"为隐秘的、备防的、畏缩的状态。但相对而言，汉语"前/后"在这三种状态中的应用范围更广。汉英"前/后"状态域认知的异同点如下。

第一，汉英"前/后"状态域认知存在相似点。这是因为状态–空间隐喻依然是以人类长期的身体体验为基础的，汉英母语者也是如此。走在竞争群体或作战队伍之前的人通常身体强壮、积极勇敢、处于比较开放的最前沿，战时为进攻的主力，反之则是处于"后"的位置的。

第二，汉英"前/后"状态域认知也存在一定的差异性。英语"front"还可以表示情感隐秘状态，这与其表示公开状态正好相反，而汉语"前"却没有此用法。这是因为在空间域中，"front"在表示拓扑空间概念时可以表示"人或物的正面"，在映射到状态域中后就有了遮挡、隐蔽的概念，而汉语"前"的空间域拓扑义却不能表达此概念；"front"在表示参照空间概念时可以表示"开放的区域"，映射到状态域中后即有了开放的概念。这一不同之处充分体现了人类认知的主观性特点。英语"back"可以表示恢复原状，这是因为"back"在时间域中主要采用自我参照模式，即"前"为将来，"后"为过去，所以"back"表"过去、以前"之意，这一时间概念在被映射到状态域中后，便形成恢复到以前的状态、恢复原状之概念。但汉语"前/后"在时间域中的自我参照模式中，观察者所面对的方向不同导致"前/后"正好相反的两种时间概念，即"前"既可以表"将来"，也可以表"过去"；"后"既可以为"过去"，也可以为"将来"。所以汉语"后"没有形成与"back"在这一意义上相对应的状态域的映射。由此可见，空间隐喻作用于时间域，而时间域在隐喻映射的规律下也会对其他目标域产生影响。

第三节　汉英"左/右"状态域认知

汉英"左/右"的隐喻义源于其基本方位义，下面对其状态域认知进行分析。

一 汉英"左/右"状态域认知的相似点

汉英空间词"左/右"在映射到状态域后,依然保留了"左/右"空间系统的基本结构,所以"左"与"右"的空间相对且平衡的特性也会体现在状态域中。

(一)"左/右"表激进与保守

在《现代汉语词典(汉英双语)》(2002年增补本)中,"左"的第6个释义为"进步的;革命的(progressive; revolutionary)",如"左派(the Left)""左翼作家(Leftist writer)";"右"的第5个释义为"保守的;反动的(conservative; reactionary)",如"右派(the Right)""右倾(Right deviation)"。在《牛津高阶英汉双解词典》(第六版)中,"left""right"也有相应的解释:"the left: the part of a political party whose members are most in favour of social change(政党内部的激进派,激进分子)","the right: the part of a political party whose members are least in favour of social change(政党内部的右派,保守派)"。"左派""右派""左倾""右倾"等是历史发展过程中的产物,那么"左"和"右"的政治含义源于何时?二者有什么区别?

史学界普遍认为,"左"和"右"的政治含义起源于18世纪的法国大革命时期。当时,国民代表议会在讨论王室是否拥有否决权、立法机构的组成以及公民权利等议题时出现分歧。强烈主张给予王室否决权和相应地位的议员都坐在了议会右边的席位上，反对者坐在了左边的席位上。政治分歧和座位安排相吻合，于是左派便代表了维护人民的权利和利益，符合历史进步；右派则代表了妨碍人民权利和利益的实现，甚至阻碍历史的发展。

基于这种政治上的划分，19世纪末20世纪初开始壮大起来的社会主义和共产主义运动就为自己采用了"左派"这个称谓。左派纲领被认为是实现无产阶级革命这一目标的象征，而右派纲领就是对这一历史必然趋势的阻碍。在左派和右派的基础之上，还诞生了衡量革命运动思想意识偏差的"左"倾和右倾两个概念。"左"倾指的是在革命热情的驱使下对革命形势估计过高，或盲目、教条地超越革命发展阶段而使革命不能实现的思想，右倾指的是对革命的发展曲解、误解和阻碍的思想。这里的"左"倾之所以加引号是因为这不是真正意义上的左，而是表面激进实际却脱离客观现实的冒险主义。例如：

（1）"左"的思想发展导致了一九五八年的"大跃进"和人民公社化运动，这是比较大的错误，使我们受到惩罚。（《改革是中国发展生产力的必由之路》）

（2）大革命后期，我们党犯了陈独秀右倾机会主义的错误，就是怕同资产阶级作政治上的斗争，怕触动它，不敢发动群众，等到蒋介石一背叛就使大革命失败了。（《建设一个成熟的有战斗力的党》）

例（1）中的"大跃进"是1958年至1960年"左"倾冒进的产物，给社会发展带来了严重后果。例（2）中的国民革命，亦称"第一次国内革命战争"或"大革命"，是指1924年至1927年中国人民在中国共产党和中国国民党的合作领导下进行的国内革命战争。1927年国民党内反动集团叛变革命，党内以陈独秀为代表的右倾思想发展为右倾机会主义错误并在党的领导机关中占了统治地位，党和人民不能组织有效反抗，致使大革命在强大的敌人突然袭击下遭到惨重失败。

（3）The Left only have a small chance of winning power.（左派取得政权的机会渺茫。）

（4）She is the far left of the party.（她是这个党的极左分子。）

（5）The Right in British politics is represented by the Conservative Party.（英国政坛的右派是以保守党为代表的。）

（6）He is on the right of the Labour Party.（他是工党内的右派成员。）

例（3）中，英语"the Left"指"（拥护社会主义思想和信念的）左派政治团体，左派"；例（4）中，"the left"指"（政党内的）激进派，激进分子"；例（5）中，"the Right"指"右派组织（或政党）"；例（6）中，"the right"指"（政党内部的）右派，保守派，右翼"。

英汉两种语言中，无论是"左"的激进，还是"右"的保守，都表示政治处于失衡的状态，都是人为的主观主义的产物。

（二）"左/右"表低劣与高尚

在人们的日常生活中，"左"可以表示"偏；邪；不正常；不一致"等，"右"可以表示"崇高"。这种左贬右褒的隐喻概念的身体经验基础是：大多数人习惯用右手写字、吃饭、干活等，少数人用左手。于是在不断发展演变下，"右"意指符合常规并受推崇，"左"意指异于常规。在英语里，"left"一词源自盎格鲁-撒克逊语，意为"无力、无用"，隐喻为"不正当"；"right"来自古英语，意为"较有力的那只手"，隐喻为"档次高的"。

（1）别学那些旁门左道。
（2）便知他又弄左性，劝了不中用。(《红楼梦》)
（3）我的座右铭是诚实和专注。
（4）left-handed oath（不可信的誓言）
（5）left-handed diagnosis（误诊）
（6）left-handed business（非法勾当）
（7）right arm（得力助手）
（8）He likes to be seen in the right clubs and restaurants.（他喜欢在有档次的俱乐部和餐厅露面。）

汉语中"左"的概念对应英语中的"left"，"右"的概念对应英语中的"right"。从上述的例句及短语我们可以看出,"左"还可以表示"偏执的""不一致的"等概念。"右"可以表示"高尚的""有档次的"等概念。

二 汉英"左/右"状态域认知的不同点

(一)汉语"左右"表情绪

汉语中,"左右"可以合在一起成为一个词使用。《现代汉语词典》(第7版)中"左右"的第5个释义为"反正"。某一个方位对于一个人来说,要么是"左",要么是"右"。这个方位可以是左上、左下、右上、右下,或左前、左后、右前、右后,但无出"左"和"右"。这一空间概念也投射到了社会生活中,"左右"作为副词,意为"反正、到底",表示逃不出这个范围。如:

(1)左右我是外人,多早晚我死了,你们就消停了。
(2)左右我们丫鬟更算不得什么了。
(3)我们左右闲着也没事儿,就去看电影了。

从以上的例句可以看出,"左右"表示非常强烈的感情色彩,这主要是因为中国漫长的历史和多元的文化使词汇的隐喻意义丰富,又在众多的场景中使隐喻意义越来越具体。但英语中没有将"left"和"right"合用为一个词的情况。

（二）汉语"左A右B"表同质

"左"和"右"本来表示对立的两面，比如一个方位如果在我们的左边就不在我们的右边。但是，"左"和"右"也有非对立的一面，表示相似，比如无论是左手还是右手，都能够帮助我们完成一些事情。因此，"左"和"右"的同向拓展可以使两者同时获得一个新的意义，意义同质，结构为"左A右B"。如：

（1）小朋友不停地左顾右盼，对于儿童乐园的一切都感到十分新鲜。
（2）他左思右想，也没有想出一个好办法。
（3）班长小华做事很认真，是老师的左膀右臂。
（4）哥哥会修电脑，左邻右舍都来找他帮忙。

在以上的例句中，"左A右B"中的"左"和"右"表示的不是对立的概念，而是相同的概念，如"左顾右盼"表示向左右两边看，"左思右想"表示多方面想了又想，"左膀右臂"表示得力帮手，"左邻右舍"表示左右的邻居等。"左A右B"这一结构是汉语独有的，英语里没有对应的"left~right~"结构，而是需要根据语境用不同的单词、短语或短句来表达。

三 汉英"左/右"状态域认知对比

汉英"左/右"状态域认知对比总结如表5-3所示。

表 5-3　汉英"左/右"状态域认知对比

异同	类别	左	light	右	right	左右
相似点	左为激进，右为保守	√	√	√	√	√
	左为低劣，右为高尚	√	√	√	√	
不同点	左右为情绪状态	×	×	×	×	√
	左A右B为同质	×	×	×	×	√

注：√表示可以表达此种状态类别，×表示不可以表达此种状态类别。

根据上文的分析及表 5-3，汉英"左/右"状态域认知的相似性和差异性均比较明显。当"左"与"右"语义完全对立、强调平衡位置关系时，从空间域映射到状态域中后，汉语"左/右"与英语"left/right"的隐喻极为相似，能基本形成一一对应关系，既保留了空间域的特性，又体现了状态域的特征，即在派别状态与品质状态两方面均形成一一对应关系，而且在状态域中"左"与"右"、"left"与"right"的语义仍然均衡对立。汉英"左/右"在状态域中的异同点如下。

第一，汉英"左/右"状态域认知具有相似点。这是因为状态-空间隐喻是以人类长期的身体体验为基础的。在生活或工作中，大部分人以右手来吃饭、拿东西、写字等，所以"右"便会被赋予好的、积极的意义。隐喻映射也离不开人们的文化与历史背景。"左派""右派"就是特殊的历史时期遗留的产物。

第二，汉英"左/右"状态域认知也存在一定的差异性。汉英"左"和"右"有一点最大的不同，就是汉语有"左右"这一词，这在时间域中体现为边轴时间，而英语中却没有"left"和"right"合在一起的词。汉语"左"和"右"可以同向拓展并获得一个新的意义，表示同质，结构为"左A右B"。

汉英"左/右"状态域认知的异同，充分说明了两种语言所体现的认知主观性。人类的认知不仅受语言使用者的自身身体体验影响，还会受社会和文化等因素影响，语言中存在深刻的文化烙印。

第四节　汉英状态域语义拓展及认知小结

一　汉英状态域语义拓展

空间隐喻作为隐喻的一种，是人类认识客观世界的一种基本方式，为人类提供一种重组个人世界的工具，它与我们的生理构造特点和我们观察事物的方式有着密切的关系。通过状态－空间隐喻，人们可以更好地理解状态域从而形成对事物恰当的评价体系。由于具有相同的生理构造和感觉器官，人类对相同的赖以生存的空间及物质世界具有基本相似或相通的认识，对相同的事物状态也会具有相似的认知体验。这就使得汉英"上/下""前/后""左/右"在从空间域通过隐喻映射到状态域中后表现出了很大的相似性。但因汉英状态域的语义拓展过程受社会、文化等因素影响，其语义也存在着差异。具体如图5-1所示。

图 5-1　汉英状态域语义拓展

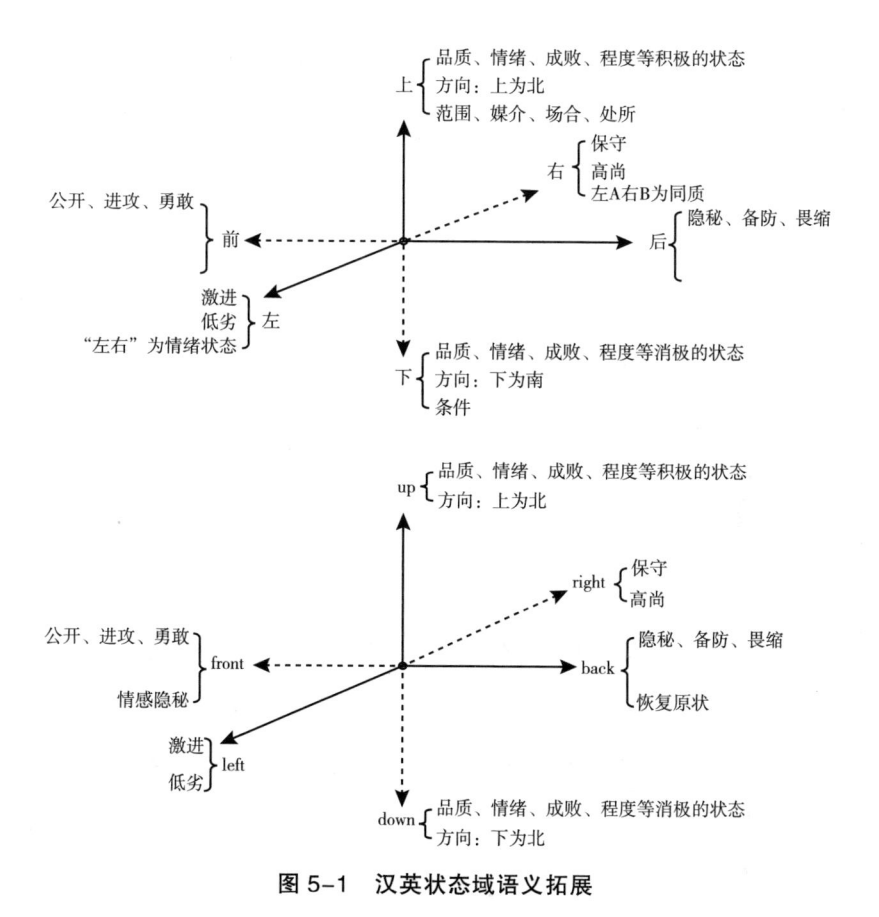

二　汉英状态域认知小结

通过本章对汉英状态域认知进行的对比分析，我们可以发现，汉英对状态域的认知，既存在极大的相似性，也存在一定的差异性，但总体来说，相似性大于差异性。汉英状态域认知异同是有据可循的。

由于具有相同的生理构造和感觉器官，人类对相同的赖以生存的空间及物质世界具有基本相似或相通的认识，对相同的事物状态也会具有相似的认知体验。这就使得汉英"上／下""前／后""左／右"从空间域通过隐喻映射到状态域中后表现出了以下相似性。

第一，汉语"上／下"与英语"up/down"既保留了空间域的特性，又体现了状态域的特征，即在品质状态、情绪状态、成败状态、程度状态、方向状态五方面均形成一一对应关系，而且在状态域中，"上"与"下"、"up"与"down"的语义仍然对立。在状态域中，"上"与"up"为好的、积极的、理想的、强的状态，"下"与"down"为坏的、消极的、不理想的、弱的状态，但在方向状态中没有好坏之分。这是因为人们的积极状态通常与身体姿势有关，人们在处于积极状态时昂首挺胸、精神焕发，人们在处于消极状态时垂头丧气、萎靡不振；在身体对抗时，身材高大、力量强的人容易占据上风、获得胜利，反之则败为下风；随着人们出行范围的扩大，出行时会以高悬的北极星定位，地图便以"上"为北。

第二，汉语"前／后"与英语"front/back"在状态域中极为相似，在公开与隐秘状态、进攻与备防状态两方面均形成一一对应关系，而且在状态域中，"前"与"后"、"front"与"back"的语义仍然对立。"前"与"front"为公开的、进攻的、勇敢的状态，"后"与"back"为隐秘的、备防的、畏缩的状态。这是因为走在竞争群体或作战队伍之前的人通常身体强壮、积极勇敢、处于比较开放的最前沿，战时为进攻的主力，反之则是处于

"后"的位置的。

第三，汉语"左/右"与英语"left/right"在状态域中依然存在相似性，即在派别状态与品质状态两方面均形成一一对应关系，而且在状态域中，"左"与"右"、"left"与"right"的语义仍然均衡对立，即"左"与"left"为激进、低劣，"右"与"right"为保守、高尚。在生活或工作中，大部分人以右手来吃饭、拿东西、写字等，所以"右"便会被赋予好的、积极的意义。隐喻映射也离不开人们的文化与历史背景，"左派"与"右派"就是特殊的历史时期遗留的产物。

不同概念域之间的隐喻映射也会体现出人类认知的差异性，因为人类的认知方式受不同思维方式及社会文化的影响。由于汉语母语者和英语母语者在思维方式、社会文化、价值观念等方面存在不同，其观察事物的角度也会有不同，所以汉英状态-空间隐喻定会存在一定的差异，主要表现如下。

第一，相对而言，汉语"上/下""前/后"在状态域中的应用范围更为广泛，隐喻拓展性较强，但汉英"左/右"在状态域中的应用范围差别不大。这是因为在空间域中汉英"上/下"与"前/后"的语义范围就表现出了很大的差别，汉语语义负担较重、在维度方面基本不做区分，而英语语义范围相对较窄、维度区分较细，所以汉语"上/下""前/后"表达的空间位置关系远比英语更为广泛。汉英空间域的结构特点通过隐喻映射到状态域中后依然得以保留。具体而言，在品质状态、情绪状态、成败状态、程度状态、方向状态五方面，汉语"上/下"比英语"up/

down"的应用范围广；在公开与隐秘状态、进攻与备防状态方面，汉语"前/后"比英语"front/back"的应用范围广；表示范围、媒介、场合、处所、条件这五种状态方面是汉语"上/下"的用法，英语"up/down"并没有与汉语相对应的用法。

第二，由于受时间域中参照模式的影响，英语"back"可以表示恢复原状，而汉语"后"却不能。由于受社会文化的影响，汉语"左"为吉利，"右"为不吉；英语"left"为不吉，"right"为吉利。汉英"左"和"右"最大的不同就是汉语有"左右"这一词，并体现在了状态域中，而英语中却没有"left"和"right"合在一起的词。

汉英语言内部也存在不对称性。汉英的"上"与"下"、"前"与"后"在状态域中均存在不对称性。语言内部的不对称首先是因为其原型的不对称，其通过隐喻映射，从空间域向其他目标域拓展，从而引起了新的不对称。这种不对称也是语言凸显性及语言经济性原则共同作用的结果，是人类认知主观性的重要体现。

总之，汉英"上/下""前/后""左/右"从空间域通过隐喻映射到状态域的过程，正是人类认知主观性的重要体现。汉英两种语言表状态的概念源自空间域，在状态-空间隐喻系统中均保留了空间范畴的特性等。这些共性是源于人类对空间及物质世界相同的身体体验和认知基础。但由于思维方式、社会文化、价值观念等方面的不同，人们观察事物的角度不同，汉英状态-空间隐喻定也存在一定的差异。语言凸显性及语言经济性原则的作用也影响着语言内部的对称性。

·第六章·
汉英社会地位域认知

汉英空间方位词"上/下""前/后""左/右"可以通过隐喻映射到社会域，即人类社会关系域中。马克思认为，人的本质是一切社会关系的总和。[①] 这说明人类是社会关系的基础，正是因为人的存在，人与人之间才会出现各种各样的关系，人与人之间的所有关系都被叫作社会关系。本章主要分析社会关系域中比较重要的社会地位域。社会地位指的是人或团体在社会关系中的位置和级别。

社会地位是极为抽象的，是人们在个体生活体验的基础上形成集体认知后达成的一种认知共识。人们利用社会地位域与空间方位域的相似性，用具体的空间方位概念隐喻社会地位概念，即

---

① 马克思恩格斯选集（第一卷）[M]. 北京：人民出版社，2012.

社会地位-空间隐喻,这符合人类认知心理体验的主观性。在汉英两种语言中都存在着纵向和横向的空间方位关系在社会地位上的映射。语言是生活的写照,在人类社会地位域中的语言表征更能展示人的主观认知。虽同处人类社会,但由于处于不同的社会文化背景中,汉语母语者和英语母语者所形成的价值观及判断社会地位的标准也自然会有异同之处,本章将对此进行分析。

第一节 汉英"上/下"社会地位域认知

在第三章"汉英三维空间认知"中,我们已经探讨了"上/下"的拓扑义与参照义。在自然拓扑空间中,"上/下"表示"位置较高/位置较低";在有人参与的参照空间里,人的头顶以上为"上",脚底之下为"下"。"上/下"概念从原本的空间域映射到社会地位域中后,其意义又进行了外延性的拓展。

方位词"上/下"是参照垂直空间方位而构建的概念。人们把方位概念映射到其他抽象概念之中,即通过始源域空间域给了目标域一个空间方位。"上/下"概念的隐喻是空间隐喻中最为广泛的一种。在语言的不断发展变化过程中,汉英的"上/下"概念由最初的纯空间概念拓展出了丰富的隐喻意义。太阳东升西落,与人们的生活息息相关。太阳的升与落不仅代表了时间的早和晚,也代表了光明与黑暗的交替。日升东方,世间开始有了光明与生机,所以"上"总让人联想到重要,"下"则是次要。

一 "上／下"表级别高低

中国经历了几千年等级森严的封建社会，等级制度在中国的政治、经济、社会，甚至人们的日常生活中有一定影响。汉语中，在一定语境下，"上"为行政级别较高，"下"为行政级别较低。"上／下"概念可以在中国行政区域的划分中体现出不同的等级概念，"上"可以跟在一些行政区域的后面，表示行政机关，如：

（1）地委副书记高凤阁是黄原前地委书记苗凯多年精心培养的接班人——接他自己班的人。但由于田福军从省上"杀"回来，高凤阁没有当成专员，当然就更当不成地委书记了。(《平凡的世界》)

（2）我听县里的一个朋友说，《史记》等这些书也快到县里了，不过每种不过一、二套。既然有希望就要谋事在人。我找了我们镇上新华书店的一个头儿，让他帮我买这两套书。

（3）他们为部队官兵提供一定数量的免票，对部队官兵及亲属乘船优先照顾，船长和政委经常腾出自己的房间，接待部队上的同志。

此类用法还有"县上""乡上""村上""地方上"，"行政区域+上"这一用法体现了行政区域间的等级差别,把"上"的空间方位概念投射到了行政区域等级领域中。此处"上"有了"高层、重要"的含义。当然,"上"只是一个相对概念,只有在比较中才能彰显其等级含义。拿"县上"举例,在中国的行政区划中,县的行政权力相对而言并不大,但是为什么老百姓称"县"为"县上"呢?因为对县以下区域的普通百姓而言,"县"是相对高等级的行政区域,用"上"体现了百姓对其的尊重。通过这个例子我们发现,"上"是相对于下层等级区域而言的。值得注意的是,汉语中可以接行政区域的方位词还有"里",比如"省里、乡里、村里"。相对应的"省上、乡上、村上"虽然表达了同样的概念,但明显具有了等级含义。

汉语中这种官场和行政级别的社会地位 – 空间隐喻,有着独特的民族文化特点,在英语中只有少数的类似表达,如:

(4) Upper House(上议院)
(5) Lower House(下议院)

汉语中常有的"上北京""上上海""上大都市""上山下乡""下基层"等用法均指向具有不同等级含义的"上/下"社会概念。即使在表示去某个处所的概念时,"上/下"有时也会表现出级别的不同,如"上馆子、下饭店"等。"上"的语义进一步拓展,从表示"方位"拓展到表示"到达这一位置的动作",即"到、去"。这时的"上"不表示方向、等级或心理上的差别,如"上哪儿去、上街、上厕所"。但汉语中有一个特例,那就是既有"上馆子/上饭店"也有"下馆子/下饭店"的说法,这种说法展现了等级和心理差别的概念。如果把"馆子/饭店"换作"餐厅",却只有"上餐厅"没有"下餐厅"的说法。究其原因,既有历史原因,也有社会和文化因素。中国古代是彻底的农耕社会,人们自家凭借种田织布过着基本自给自足的生活,只有极少数人去跑江湖做生意或为了生计离家在外苦行。即使是有人在外给有钱的人家"打工",过去成为"长工",也是东家管吃管住,基本满足吃住问题。偶尔跑江湖做生意或离家远行的,都是自带包裹和干粮凑合填饱肚子,在此之余才会选择去小饭馆吃碗面、喝点小酒什么的。其实这一部分人在当时的社会地位很低,去的也并不算是什么高档的地方,自然就有了"下馆子"的说法。随着社会的进步、经济的发展,人们的生活水平提高,而各种商业活动也逐步得到认可。"馆子"也由最初油乎乎、黑洞洞,甚至是四面透风的下九流常混迹的小店华丽蜕变成了店面干净整洁、饭菜美味可口、并不是所有人都会有足够的经济条件能经常光顾的"饭店"以及有现代时髦高雅之感的"餐厅"。提供饮食的场所升级及去此场所的人的地位提升带来了语言表达的变化,也就有了"上饭店""上餐厅"的说法。"餐厅"一词源自英语"canteen"。"下馆子"和"上饭店"的表达早已为人们所接受,甚至完全忽略了其最初的"地位对立"含义,而泛指"去……用餐"。

另外,在提到喝茶、吃饭时,"上茶""上菜""上饭"的本义指端茶、端菜、端饭送上桌，其中有向上送的概念。人们去饭店吃饭就是花钱买服务的。对饭店来说来吃饭的人就是客人，甚至认为"顾客就是上帝"，所以饭店得立刻给顾客"下单"，马上"下菜"，力求在最短的时间内做到"上茶""上菜""上饭"，尽量提供最好的服务。同理，去别人家做客时，主人也会对客人以礼相待，视其为尊贵的客人，所以才会"上茶""上菜"甚至敬酒，尽力款待。

英语"up/down"却没有汉语"上/下"的这种表示餐饮行为的用法，但英语"up/down"也可以表示"到，朝，在某个场所"，"up"指重要地方，尤指大城市，"down"指非重要的地方，尤指小地方，如：

（6）We're going up to New York for the day.（我们要上纽约去一天。）

（7）His son is up at Oxford.（他儿子在上牛津大学。）

（8）I wish I had a glass of beer, but I can't get up the gumption to go down to the village to get it.（我真想喝一杯啤酒，可又鼓不起劲到村子里去买。）

值得注意的是，英语"up"和"down"与"town"所构成的"uptown"为"非市区或远离市区"，而"downtown"是"市中心，闹市区"。这是由西方英语国家追求远离闹市、回归自然和喜欢宁静的乡村环境的文化所致的。

二 "上/下"表地位高低或权力大小

方位词"上/下"映射到社会地位与权力域中后,"上"为地位较高或权力较大,"下"为地位较低或权力较小。

中国历代官场等级表达中的"皇上",其静态隐喻意义是封建社会最高统治者,和"皇帝""圣上"等词的意义相同。《说文解字》是这么解释"皇"字的:"大也。从自。自,始也。始皇者,三皇,大君也。自,读若鼻。"翻译成白话文:"皇,'大'的意思。字形采用'自、王'会义。'自',起始的意思。远古始皇,就是燧人、伏羲、神农,他们是伟大的君王。'自',读音像'鼻'。"《风俗通义》曰:"皇,天也。"《白虎通义》曰:"号之为皇者,煌煌人莫违也。"《广雅·释诂一》曰:"皇,美也。"由此可见,"皇"最初的含义为"大、美",为形容词,也有"天"的名词性含义,后来衍生出了帝王、君主之意。秦王扫六合,统一中国,自认为"德兼三皇,功盖五帝",将"皇"和"帝"这两个人间最高的称呼结合起来,由此始称"皇帝"。而"皇上"一词是"皇帝"这一专有名词的俗称。《说文解字》曰:"上,高也。"在封建官僚体系中,皇帝的地位最高,拥有至高无上的权力,"上"便被用来指代君主、帝王。在文言文中,"上"单字就含有"帝王、君主"之意,如:

(1)扶苏以数谏故,上使外将兵。(《史记·陈涉世家》)

（2）上胡不法先王之法？非不贤也，为其不可得而法。（《吕氏春秋》）

（3）天下之事无小大皆决于上。（《史记·秦始皇本纪》）

在两千多年的封建王朝频繁更迭和激烈的政治斗争中，只有胜者才能够登上高筑的祭坛，祭拜先祖，加冕称帝。而且象征至高无上权力的帝王宝座总是被设立在高高的殿堂之上，威严的帝王坐在宝座之上接受群臣参拜，下达皇令。

"上"这一空间概念在被映射到社会地位或权力域中后，便产生了"至尊、权威、敬畏、不可抗拒"的含义。"上"指君王时，与君王相关的一系列事物便具有了"权威"的含义。人们崇拜君王，同时又畏惧君王。因此，与君王有关的词语反映了人们对皇权的迷信，也反映了中国古代的风俗和政治制度。例如，汉语"圣上"中的"圣"的繁体为"聖"。《说文解字》曰："圣，通也。从耳呈声。"《管子》曰："听信之谓圣。"古人认为通达事理、拥有无上智慧与道德的人为"圣"。"皇帝"又被称为"圣人"。"圣"单字就指君主。"圣上"同样可以看作"圣"和"上"的同义复用。当然，"圣上"中的"上"不仅指皇帝位高权重，也指道德高尚。

（4）老夫职居本兵，每以不能克复中原为耻，圣上命俺督师北，正好戮力报效。（《桃花扇·设朝》）

（5）上用，指皇帝用的规格。

（6）上裁，指皇帝裁定。

（7）上国，汉代诸侯称帝室为上国，后多指国都京城。

（8）上苑，指供帝王打猎、玩耍的园林。

（9）上林，泛指帝王的园囿。

中国古代社会等级森严，官本位思想盛行。下至平民，上至皇帝，构成了一个金字塔结构，上下级的意识渗透在人们生活的方方面面中。"上"代表了相对较高的权力，如下面三组官职名称：

（10）上卿、中卿、下卿

（11）上大夫、中大夫、下大夫

（12）上士、中士、下士

周王室及各诸侯国的官阶分为卿、大夫、士三等，每等又各分为上、中、下三级，各级权势依次递减。此时"上、中、下"从最初的方位概念被映射到了权力等级观念中，官职高对应"上"，官职低对应"下"。中国古代社会在儒家思想"君君臣臣、父父子子"的影响下，等级森严，上下有别。由皇帝、中央大臣、地方大臣到各基层官吏最后到平民，构成了自上而下的严格而又分明的等级体系。"上"在中国代表了权力，官僚体系中最大的官就是皇上。而"下"则一般与等级较低的官员或平民联系起来，抑或是自谦之词。例如，臣子对皇帝自称"下臣"，低级别官员对高级别官员自称"下官"。在很多古代著作中,百姓被称作"下民",如《史记·循吏列传》:"使食禄者不得与下民争利,受大者不得取小。"古代官员与富人家里的佣人被称为"下人"。"部下、麾下、手下、属下"等词还有权力地位意义。这里带"下"的词语都有权力地位低的含义。中国古代不少"明君"都会"礼贤下士",这固然是一种统治术,但也说明,即使贵为天子,若不放下架子,以礼待贤才,也会被贤人拒于两千里之外,失去振兴国家的机会。"不耻下问"指的是向地位、学问不如自己的人虚心请教而不认为有失体面。表面上,这个词彰显了虚心学习的态度,但实际上它也是古代权力地位意识的一个突出体现,即很多人认为向地位、学问不如自己的人虚心请教有失体面。"礼贤下士"泛指地位高的人降低自己的身份,用非常尊重和礼貌的方式来对待地位比自己低但非常有才华的人。"下"在这里指的是屈身,居于贤人之下。

值得注意的是,"下"也可以表示尊称,如"陛下""殿下""阁下""足下"等。具体见下。

陛下的"陛"指帝王宫殿的台阶。"陛下"原来指的是站在台阶下的侍者。臣子向天子进言时,不能直呼天子,必须先呼台下的侍者而告之。后来"陛下"就成为与帝王面对面应对时的尊称。

"殿下"最初和"陛下"是一个意思,也是对君主的尊称。但称谓对象随着历史的发展而演变。汉代以后,"殿下"演变为对太子、亲王的尊称。唐代以后,唯太子、皇太后、皇后称"殿下"。今对君主国王储、亲王、公主等称"殿下"。

"阁下"原指"侍从"。亲朋同辈间见面时,不方便直呼其名,常先让侍从转告,侍从被称为"阁下",后来这个词就逐渐演变为亲朋好友之间的尊称。如今这个词多用于外交场合。

"足下"相当于现代汉语的"您"。刘敬叔《异苑》卷十记载:"介子推逃禄隐迹,抱树烧死。文公拊木哀嗟,伐而制屐。每怀割股之功,俯视其屐曰:'悲乎,足下!'"晋文公在成为晋国君主之前,曾在外流浪十二年。随行的介子推对他忠心耿耿,在晋文公因无粮即将饿晕之时,介子推割下大腿上的肉,做成肉汤给晋文公喝。晋文公喝下肉汤后,方知是介之肉,大受感动。晋文公重返中原,执掌国政,论功行赏。而介子推淡泊名利,归隐山林。于是晋文公下令放火烧山,想要逼他出山。这把火熄灭之后,众人在满山灰烬中,找到了抱着一棵树被活活烧死的介子推。晋文公悔恨不已,将树砍下来制成木屐。每当他穿着这双鞋,就想起那段患难与共的往事,不由得慨叹:"悲乎,足下!"

在英式传统的房子里,主人均住在楼上,而佣人却住在一层厨房或地下室的佣人间里。这样的生活体验直接影响着人们的思维与观念,社会地位与权力控制方面的主动方为"上",反之则为"下"。因此,在英语中,"up/down"及以"up/down"为前缀的词,被赋予了能表达社会地位的隐喻意义,如:upgrade(提升、提拔)、upper-crust(上层的、上流社会的)、downfall(垮台、衰落)、downtrodden(受欺压的、被践踏的)等。同时,人们也常用"up"的衍生词"high""top""summit""above"

及"down"的衍生词"low""bottom""below"来表示不同的地位，如：

（13）His family has come down during the 1920s.（20世纪20年代，他家道中落。）

（14）That girl rose up to the highest of the class.（这个女孩努力地爬到了社会顶层。）

（15）He fell down the lowest in the society.（他降到了社会的最底层。）

在表达社会地位高低时，"上"通常对应英语中的"up""high""top""summit""above"，"下"对应"down""low""bottom""below"。例（14）（15）中，"rose"与"up""high"相呼应，"fall"与"down""low"相呼应，生动形象地表明了社会地位的高低可以展现在英语的不同词性中，词语可以搭配出现，这使得意义更为明显。这正如比赛结束后给获奖者颁奖时，冠军通常会站在最高、最显眼的中间位置，亚军和季军排列在两侧，他们所站立的位置会比较低。从客观的空间距离到抽象的地位差别，最后到心理距离，给人留下深刻的印象，因此这样的隐喻模式符合人们的主观心理认知。再如：

（16）Higgins had started at the bottom and worked his way up to become managing director.（希金斯从最低的职位

做起，一步一步升至总经理的位置。）

（17）In British army a field marshal ranks above a general.（在英国陆军中，元帅的军职比上将高。）

无论是在职位上，还是在军衔上，只要是在社会领域内，总会有上下高低之分，可见空间隐喻系统的强大。

三 "上/下"表地位高低变动

"上"代表从地位低处向高处运动，"下"代表从地位高处向低处运动。"上/下"的动态义"从低处向高处运动/从高处向低处运动"也映射到了社会地位域中。如"上书、上告、上缴、上交、呈上、上奏"等。

语言是生活的写照。百姓与官员的地位不平等，平民低贱，官员显贵。当然，官员之间的等级意识更甚。低级别的人向高级别的人写信和告状以及寄送财物、奏章，被称为"上书、上告、上缴、上交、呈上、上奏"。"上"在这里不仅体现了对上级的尊重，也是一种动态的社会阶层隐喻，由空间上的高低变化引申出级别上的高低变化。高级别的人如同一座大山矗立在动作发出者的眼前，动作发出者敬畏这座大山，因为它高高在上，拥有权力。有时，动作发出者仰赖这座大山，因为它庇佑一方百姓与官员。有时，动作发出者憎恨这座大山，因为它阻挡了人们前行、晋升的道路。如：

（1）1995年，他辞去了法警工作，正式下海经商。

"下海"一词，究其根本，中国古代盛行"官本位"思想，且重农抑商，"下海"一词的产生便源于此背景。古代盛行农耕文化，丰富的土地资源为百姓安居乐业提供了保证，但从另一方面说，这一文化也限制了海上贸易的发展。种地安逸，收益有保障；出海风险莫测，收益不稳定。所以在传统观念中，出海经商不是件光彩、值得颂扬的事。下海的"下"字体现了人们对海洋的蔑视。而到了现代，西方的强大让中国人民对海上贸易产生了新的认识。"下海"最初的贬义色彩逐渐淡化，它不再是人们被迫的选择，而是人们追求幸福、积极进取的体现。

（2）蒋介石下野后，即前往浙江奉化的溪口镇，退居幕后指挥。

"下野"一词原指"去野外乡下"，后引申为"辞官归隐"，现指"执政者下台"。这个词语的演变也是隐喻的体现。执政者下台后不一定就真的回归乡野，这里用乡野比喻民间。"下"字则体现了权势的降低。这一词语也间接体现了中国古代政治的"官贵民轻"的思想。

（3）据新华社华盛顿9月14日电（记者应谦）在美国

加紧军事部署，准备对海地发动入侵的同时，克林顿总统14日向海地军方领导人发出严厉警告：他们若不赶快自动下台，美国将出兵推翻他们。

"下台"隐喻"卸去公职"，统治者高高在上，"台"并非指真正的台子，而是统治者所处的至上地位，统治者"卸去公职"，也就不再拥有至上地位了。"下"在此处体现了权力的陨落运动的变化过程。

而在英语"社会地位的高低变动"的动态表达中，也存在空间隐喻的系统对应性。"向上/向下"的英语相应表达为"up/down""upward/downward""ascend/descend"等，如：

（4）The adjustment of the mobilization policy of manpower during 1815 -1860 caused the imbalance of the two-grade armed forces system. That is, the regular army went up, but the militia went down.（1815~1860年军队流动政策的调整使美国两级武装力量体制失衡，即正规军地位上升，民兵地位下降。）

（5）Near the top of the job pyramid, of course, the upward march of women stalls.（在靠近职业金字塔的顶端，当然，女人们上升的进程就停止了。）

（6）Should you reach the summit you would have only one desire, and that is to descend and be with those who dwell in the deepest valley.（一旦登上顶峰，你就只有一个愿望，那就是往下走入最深的峡谷，和那里的人民一同生活。）

四　汉英"上/下"社会地位域认知对比

汉英"上/下"社会地位域认知对比总结如表 6-1 所示。

表 6-1　汉英"上/下"社会地位域认知对比

类别	意义	上	up	下	down	up 衍生词	down 衍生词
级别高低	上为高 下为低	√	√	√	√	√	√
地位高低或权力大小	上为高、大 下为低、小	√	√	√	√	√	√
地位高低变动	上为上升 下为下降	√	√	√	√	√	√

注：√表示可以表达此种类别，×表示不可以表达此种类别。

通过以上归类分析及表 6-1 可以看出，汉英"上/下"在从空间域映射到目标域社会地位域中后，既保持着极大的相似性，也表现出了差异性，这符合人类主观认知与体验哲学的观点。整体而言，汉英"上/下"在社会地位域中同大于异。

第一，汉英"上/下"在社会地位域中均展现出了空间隐喻过程的主观性特点。当"上/下"表"级别高低""地位高低或权力大小""地位高低变动"时，汉英均存在空间隐喻的系统对应性。空间域中，汉英基本义"上"与"下"对立，"上"表示位置较高,"下"表示位置较低。当从空间域映射到社会地位域中后,汉英"上/下"的语义基本对应,"上"与"up"均为高、大,"下"与"down"均为低、小。

第二,人们处在不同的社会文化背景之中,认知概念、主观习惯和认知方式自然也会有所不同。汉英母语使用者虽有共同的生理构造及感觉器官、有对客观存在的空间及物质世界相似的身体体验及认知基础,但后天生活环境和经历毕竟不同,价值观自然迥异,在隐喻机制的生成理解上存在一定的差异。英语"up/down"在社会地位方面远没有汉语"上/下"的隐喻丰富,很多情况下借助于其衍生词"high""top""summit""above"和"low""bottom""below"等来隐喻汉语"上/下"所表达的概念。

第三,由于受几千年封建社会森严的等级制度影响,在表达社会地位时汉语"上/下"具有非常明显的拓展性,应用范围极广,很多与官职、行政级别、地位、权力相关的词语均可与"上/下"结合在一起。汉语"上/下"在社会地位域中强大的隐喻拓展能力与其特有的认知经验基础和民族文化心理紧密相连。中国经历了几千年漫长的等级制度极其严格的封建社会,受儒家思想影响深远,上下尊卑的观念根深蒂固,早已融入了与人们生活相关的政治、经济、社会等各个方面。这些认知经验基础不断地影响着人们的思维,同时对汉语言的形成和变化发展发挥着间接的影响,汉语"上/下"在表"官职或行政级别高低"的概念中扮演了重要角色。而西方只是经历了时间相对较短的封建农奴社会,受上下地位观念和尊卑思想的影响并没有中国的深刻,所以尽管英语也借助"up/down"表达社会地位,但是与汉语相比,其隐喻拓展性相对较小。

第二节 汉英"前/后"社会地位域认知

汉英两种语言中均出现方位词"前/后"映射的社会隐喻概念,尽管语言具体形式不尽相同,但人们的认知基础与感知能力却大同小异,均基于各自语言背景下的文化与自身身体体验。

一 "前/后"表重要与次要

人们赖以生存的不同维度概念可以在体验哲学的基础上相互映射。空间方位词"前/后"概念映射到社会地位域中后,可以用来表达抽象的社会地位概念。从人们自身体验出发,进场入座时,地位较高的"大人物"入场时总是走在前面,而地位较低的"小人物"总是跟随其后,同理,在就座时,"大人物"也会坐在前面核心的位置或主席台上。"前"表示重要或拥有较高的社会地位,"后"则表示次要或拥有较低的社会地位。

在中国古代社会素有"前朝后宫"的说法,以明清皇宫为例,皇宫一般结构是这样的:前面(靠南一面)是朝堂,用于处理政务;后面为居所,用于生活。前面这部分一般称为外廷,也可以叫前朝或外朝;后面这部分可称为内廷或者后宫。所以在这里,"前"表示处于较高的社会地位,对应皇帝的身份;而"后"表示处于较低的社会地位,对应妃嫔的身份。再如,汉语"前辈"可以是对社会地位高的人的尊称,"前贤"指有才德的前辈。在英语中也不乏这样的表达,如:

(1) Vocational higher education is aimed to foster applied talents working in the front line of production.(高职教育的人才培养目标是生产一线的应用型高等专门人才。)

(2) The group is fronted by two girl singers.(这个乐队由两名女歌手担任领唱。)

(3) On his new album he is backed by an American group.(他的这张新专辑由一支美国乐队担任伴奏。)

(4) take a back seat(处于次要地位或默默无闻的地位)

例(1)中,"in the front line of production"指生产的第一线,是非常重要、责任最重大的位置。例(2)中,"front"指在组织或活动中担任领导,这里指在乐队中任领唱,这是乐队中极其重要的位置。例(3)中,"back"指为歌手或音乐家伴奏,相对而言是较次要的位置。例(4)中,"back"仍为次要的。

二 "前/后"表先进与落后

走在前面的人总是处于领先的位置,而走在后面的就会落

后,所以"前"为先进,"后"为落后,如:

(1)学习型组织与知识管理是当今理论界研究的热点,同时也是目前的学术前沿。
(2)在东亚准新兴工业化国家中,马来西亚的经济发展水平名列前茅。
(3)传统服务业在新乡市服务业的发展中居主导地位,现代服务业发展较为滞后。

例句中的"前沿"指处于领先地位的,"前茅"指处于领先的位置、前列,"滞后"指落后于形势的发展。汉语中的类似说法还有"超前"(指超越当前的)和"后进"(指进步比较慢、水平比较低的)等。

英语"front"也可表示"领先","back"有"向后、后退到原来状态"之义,后退则代表着落后,如:

(4) The United States is in the front of making scientific movies. (美国在创作科幻电影方面处于领先地位。)
(5) The history of diseases belongs to the international front field. (疾病史属于国际学术前沿领域。)
(6) She fell back towards the end of the race. (比赛快结束时,她落后了。)

三 汉英"前/后"社会地位域认知对比

汉英"前/后"社会地位域认知对比总结如表 6-2 所示。

表 6-2 汉英"前/后"社会地位域认知对比

类别	意义	前	up	后	down
重要与次要	前为重要后为次要	√	√	√	√
先进与落后	前为先进后为落后	√	√	√	√

注：√表示可以表达此种类别，×表示不可以表达此种类别。

根据上文的分析及表 6-2，汉英"前/后"社会地位域认知的相似性比较明显。汉英"前/后"概念从空间域通过隐喻映射到社会地位域中，由于人类对自身身体和外部世界的认知具有相同点，在空间认知的过程中相似的身体体验也被映射到了抽象的社会地位认知中，空间域中的认知体系在社会地位域中基本得以保存。当"前"与"后"语义完全对立、强调前后位置关系时，其空间域中水平位置的相似映射到社会地位域中后，汉语"前/后"与英语"front/back"的社会地位域的语言表征极为相似，基本能形成一一对应的关系，既保留了空间域的特性，又体现了社会地位域的特征，即在重要与次要、先进与落后两方面均形成一一对应关系，而且在社会地位域中"前"与"后"、"front"与"back"的语义仍然对立。在这两种社会地位表达中，"前"

与"front"为重要的、先进的,"后"与"back"为次要的、落后的。

社会地位-空间隐喻依然是以人类长期的身体体验为基础、受特有的社会文化影响的,汉英母语者也是如此。走在群体之前的人通常是占据了一个队伍中比较重要的位置、比较积极的、更具有领导才能的人,而处于后面位置的人则相反。

第三节 汉英"左/右"社会地位域认知

方位词"左/右"属于相对方位的概念,其方位随着图形与视角点的移动而变化。随着社会的发展,人们对"左"和"右"方位概念的认识不断深化,使之逐渐具有社会属性。人类从客观方位"左"和"右"出发,通过自身的身体体验将其抽象化,从而帮助人们更好地理解复杂的社会关系结构。汉英两种语言中均出现方位词"左/右"的隐喻概念,这说明人们的认知基础是有相通之处的。本节对于"左/右"由空间域映射到社会地位域中的概念进行以下几点主要的对比分析。

一 "左/右"表尊卑

中国历史上有时以左为尊,如"虚左以待",有时又以右为尊,如"无出其右"。那么中国古代究竟是以左为尊还是以右为尊？对这个问题不能一概而论。在不同的历史时期和不同的地区，左右尊卑不同。总的来说，中国不同时期的尊卑情况为：春秋战国，尊左尊右各国不同；秦汉，尊右；隋唐宋，尊左；元，尊右；明清，尊左；现代，尊左。

春秋战国（前770~前221）是中国历史上的一段大分裂时期，主要国家包括齐、楚、燕、韩、赵、魏、秦。各个国家有很多自己的传统，尊左尊右也不尽相同。如：

（1）（渑池之会）既罢，归国，以相如功大，拜为上卿，位在廉颇之右。（《史记·廉颇蔺相如列传》）

该句出自著名的《史记·廉颇蔺相如列传》。公元前279年，秦王主动与赵国交好，约赵王于渑池（今河南省渑池县）。会上，秦王使赵王为其鼓瑟，为了使赵国取得对等的地位，相如使秦王为赵王击缶。后来，秦王向赵王要十五座城，相如向秦王要秦国国都作为交换。在渑池之会上，蔺相如机智地保护了赵王的安全，使其不被羞辱，于是渑池之会结束后，回到赵国，因为蔺相如功劳大，赵王任命他为上卿，位在廉颇之上。由此可见，在战国时期的赵国，右尊于左。

（2）坐定，公子从车骑，虚左，自迎夷门侯生。（《史记·魏公子列传》）

该句描述的是魏公子，即信陵君，亲自到魏都城的东门迎接隐士侯嬴的故事。侯嬴是城东门的看门人。公子听说了此人，就派人去拜见，并想送一份厚礼，但侯嬴不肯接受，于是魏公子便大摆宴席，等大家来齐坐定之后，公子就带着车马及随从人员，空出车上左边尊贵的座位，亲自到东城门去迎接侯嬴。侯嬴没有丝毫谦让便坐在了尊贵的位置，之后还去探望了朋友。在此过程之中，侯嬴发现魏公子在大庭广众之下迎接他并且一直非常谦卑，于是宴会之后侯嬴便成了魏公子的贵客。由此可见，在战国时期的魏国，人们以左为尊。

　　秦汉时期以右为尊，如秦汉时期以军功定级的二十等爵（从低到高）："……十左庶长，十一右庶长，十二左更，十三中更，十四右更……"[1] 这五个爵位可拥有的土地分别为七十四顷、七十六顷、七十八顷、八十顷和八十二顷。[2] 由此可见，右庶长高于左庶长，右更高于左更，所以秦汉以右为尊。

　　隋唐宋和明清的尊左是朝代之间的文化和习俗传承，较易理解。清朝一承中原旧制，所以明朝尊左，其也尊左。明朝尊左是因为明承唐制，唐朝尊左，所以明朝尊左。同时，宋朝尊左也是因为唐朝尊左。朱元璋建立明朝之后，修改元朝的尊右为尊左。朱元璋称吴王时，任命李善长为右相国。李善长通晓典故，处理事务迅速而且善于辞令，因此当朱元璋率军征讨时，都命李善长留守，居民安然。洪武元年（1368）九月，朱元璋论功封李善长

---

[1] 班固撰. 百官公卿表（上）[M]// 汉书（第二册）. 北京：中华书局，1962: 739-740.
[2] 张家山二四七号汉墓竹简整理小组编. 张家山汉墓竹简 [二四七号墓]（释文修订本）[M]. 北京：文物出版社，2006:52.

为宣国公，并改官制，以左为大，以李善长为左相国。

中国的现代礼仪沿袭了明清的尊左习俗，尤其在站次、座次等方面很常见。如在 2013 年的春晚上，宋祖英和加拿大著名女歌手席琳·迪翁（Celine Dion）同台演唱《茉莉花》。作为宾客的席琳·迪翁在演出时站在宋祖英的左边，这表示了我们对于宾客的尊重。在主席台领导的座次上，首先是前高后低，其次是中央高于两侧，最后是左高右低（中国政府惯例）和右高左低（国际惯例）。例如，在中国，当主席台领导人数为奇数时，1 号领导居中，2 号领导排在 1 号领导左边，3 号领导排右边，其他依次排列。当主席台领导人数为偶数时，1 号领导、2 号领导同时居中，2 号领导排在 1 号领导的左边，3 号领导排右边，其他依次排列，如下所示：

主席台领导人数为奇数时，座位排列顺序为：
9　7　5　3　1　2　4　6　8
主席台领导人数为偶数时，座位排列顺序为：
9　7　5　3　1　2　4　6　8　10

英语"left/right"也可以表尊卑，"left"为地位较低、卑微，"right"为地位较高、尊贵，如：

（3）marry with the left hand（有皇族或贵族血统的人与地位较低的人结婚。按 18 世纪德国风俗，门第不当的婚礼上男子将左手伸给女子，故有此说。）

（4）by the left hand（非婚生的，私生的）

（5）He was seen at all the right places.（在所有上层聚会场合都能见到他。）

（6）She's always careful to be seen with the right people.（她总是很注意，出入都要和体面的人在一起。）

（7）a right cause（正义的事业）

例（3）起源于德国风俗，因为在贵贱结亲的婚礼上，新郎将左手递给新娘。例（5）、例（6）中，"right"指在社交上（人、地方、学校等）高级的、重要的，"right places"指高档地方、上层聚会场合，"right people"指上流的、体面的人。

二 汉语"左右"表控制

汉语的"左右"为并列合成词。汉语并列合成词的词素序列多是由主到次、由尊到卑、由褒到贬、由长到幼排列的，如"父子、君臣、兴亡、贵贱、长幼"等。方位词的排列也基本遵循这一规律，如"东西、南北、前后、左右"等。"左右"除了可以做方位词外，也可通过隐喻映射到社会地位域中。汉语"左右"表尊卑与位置高低也有其特殊的民族文化与历史文化背景。

"左"和"右"的概念最初来自人的两只手，人类从自身出发，确立了方位中关于"左"和"右"的概念，进而将之从始源域映射到目标域中，用来指社会生活里的很多方面。人们做事或使用左手，或使用右手，或使用双手，左手和右手一起能做很多事，因此"左右"作为动词可以表示"支配、操纵"，如：

（1）寡君帅越国之众以从君之师徒。唯君左右之。(《国语·越语上》)

（2）知识、创造力和对环境的敏感度左右着一个人事业的成败。

"左右"还有"辅佐、辅助"之意，如：

（3）辅相天地之宜，以左右民。(《易传·泰》)

"左右"可以表示近臣、随从，如：

（4）传以示美人及左右。(《史记·廉颇蔺相如列传》)
（5）炀帝为晋王时，君素为左右。(《北史·尧君素传》)

古代对人不直称其名，只称"左右"，以表示尊敬；信札中也用"左右"称呼对方，如：

（6）是故不敢匿意隐情，先以闻于左右。(《史记·张仪列传》)

从以上例句可以看出,"左右"本身可以表达两种相对的社会地位概念,表"支配、操纵"时,地位为高、为尊,表"辅佐、辅助"时,地位为低、为卑。汉语中的方位词"左"和"右"的空间隐喻范围要比英文中对应的方位词"left"和"right"更广。英语没有"left"和"right"合在一起的词。

三 汉英"左/右"社会地位域认知对比

汉英"左/右"社会地位域认知对比总结如表6-3所示。

表6-3 汉英"左/右"社会地位域认知对比

类别	意义	左	left	右	right	左右
尊卑	左为尊,右为卑	√	×	√	×	×
卑尊	左为卑,右为尊	√	√	√	√	√
控制	支配、操纵	×	×	×	×	√

注:√表示可以表达此种类别,×表示不可以表达此种类别。

根据上文的分析及表6-3,汉英"左/右"社会地位域认知的差异性大于相似性。通过以上我们对于汉语和英语中"左"和"右"的对比,可以发现中国人对于"左"和"右"的态度并不固定,在不同朝代、不同场合,人们尊左尊右有所不同,而西方人形成了一种固定的以右为尊的概念。人们从自身经验和空间感知出发确立了"左"和"右"的二元对立。汉语中"左"和

"右"的抽象隐喻概念更加丰富，在生活中的应用范围更加广泛，而英语中"left"和"right"的应用场景更加明确具体，应用范围较窄。汉语"左右"隐喻不实指空间关系的"左"和"右"概念，而是可以指地位或尊或卑，但在英语中无"left-right"一词。相对而言，汉语中的"左/右"隐喻概念灵活，涵盖面广，英语中的"left/right"隐喻面相对较窄。

汉英两种语言也有相似之处，"左"和"右"的空间隐喻有自己内在的系统性，并且不是随意产生的，如"左撇子"和"left-handed"的意义是植根于我们的身体经验。我们的身体体验和文化体验为空间隐喻的产生提供了很多可能性，但具体哪些待选空间隐喻被挑选出来，哪些又成为重要的空间隐喻，这在各种文化里是不同的，"左"和"右"的空间隐喻也是如此。

第四节　汉英社会地位域语义拓展及认知小结

一　汉英社会地位域语义拓展

汉英空间方位词"上/下""前/后""左/右"可以通过隐喻映射到社会地位域中。社会地位是极为抽象的，是人们在个体生活体验的基础上形成集体认知后达成的一种认知共识。人们利用社会地位域与空间方位域的相似性，用具体的空间方位概念隐喻社会地位概念，这符合人类认知心理体验的主观性。在汉英两种语言中都存在着纵向和横向的空间方位关系在社会地位上的映射，具体如图 6-1 所示。

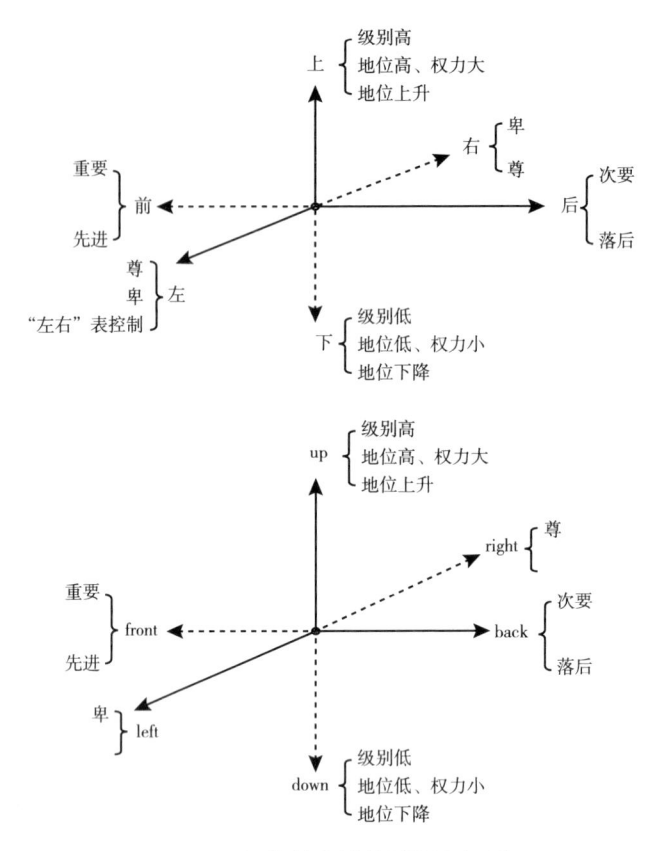

图 6-1　汉英社会地位域语义拓展

二　汉英社会地位域认知小结

本章中，我们运用认知语言学空间隐喻的概念及体验哲学的观点，把社会地位域作为基本认知域空间域的映射，分析空间方位词在社会地位域中的汉英语言表征及社会文化根源。由于人类对自身身体和外部世界的认知具有相同点，在空间认知的过程中相似的身体体验也被映射到了抽象的社会地位认知中，空间域中的认知体系在社会地位域中基本得以保留。我们的身体体验和文化体验为空间隐喻的产生提供了很多可能性，但具体哪些待选空间隐喻被挑选出来，哪些又成为重要的空间隐喻，这在各种文化里是不同的。

无论是在汉语中还是在英语中，社会地位域中的"上"基本表积极意义，指级别或地位高、权力大，"下"则表消极意义，指级别或地位低、权力小；"前"为重要和先进，"后"则为次要和落后；"左"和"右"没有固定的衡量标准，或尊或卑。"上／下""前／后""左／右"本无尊卑、高低之分，是不同的社会文化赋予了人类对其不同的主观判断。但无论判断的标准如何，人的认知都存在着惊人的主观共性，尽管也存有差异。

当"上／下"表级别或地位高低、权力大小、地位高低变动时，汉英均存在空间隐喻的系统对应性，在此方面的认知基本一致。人处于不同的文化背景之中，在隐喻机制的生成理解上存在一定的差异。由于受几千年封建社会森严的等级制度影响，汉语用"上／下"表官职或行政级别高低的概念在政治、经济、社会及人们的日常生活中扮演重要角色，而英语中此种语言表征现象却相对少见。汉英"前／后"概念从空间域通过隐喻映射到社会地位域中后，空间域中的认知体系在社会域中基本得以保存。汉语"前／后"与英语"front/back"的社会地位域的语言表征极为相似，基本能形成一一对应的关系，既保留了空间域的特性，又体现了社会域的特征，即在重要与次要、先进与落后两方面均形成一一对应关系，"前"与"front"为重要的、先进的，"后"与"back"为次要的、落后的。对于"左/右"的认知，汉语母语者对于"左"和"右"的态度并不固定，在不同朝代、不同场合，人们尊左尊右有所不同，而讲英语的西方人则形成了一种固定的以右为尊的概念。汉语中"左/右"的社会地位概念更加丰富，在生活中的应用范围更加广泛，而英语中"left"和"right"的应用范围相对较窄。汉语合成词"左右"指社会地位时，或尊或卑，但在英语中却无合成词"left-right"。相对而言，汉语中的"左/右"隐喻概念灵活，涵盖面更广。

汉英社会地位域的空间隐喻认知的共性源于人是认知的主体。虽然汉英母语者生活的地域不同，但人类具有相同的生理构造与感觉器官，因而对物质世界有相同的识解和认知的能力。在人类社会漫长的发展过程中，中西方都经历了从原始社会、奴隶社会、封建社会到现代社会的演进，因此在社会认知方面也具有很大的共性。"人同此心，心同此理，人的认知心理不仅古今形同，而且中外相通。"[①] 因此，社会地位－空间隐喻具有跨文化的普遍性，不同文化中存在的空间隐喻是基于共同的心理基础，具有共性。

汉英母语者在长期的生活实践中形成了不同的看待具象三维

---

① 沈家煊.实词虚化的机制——《演化而来的语法》评介[J].当代语言学,1998(3):41-46.

空间的方式，由于认知中的隐喻映射处处发挥作用，空间域认知的不同必然会体现在与生活息息相关的目标域认知上，并由此形成独特的文化，这就会导致生活观念与价值观念的不同、对社会地位的评价标准不一。社会地位域的语言表征就体现了汉语文化涉及面更为宽广、底蕴更为丰富、文化积淀更为深厚的特点。儒家思想一直是中国古代的主流文化思想，对中国社会影响深远。封建社会的尊卑观念已经深入与人们生活息息相关的政治、经济、文化等各个方面。对社会地位的认知与判断影响着人们的生活、思维模式以及汉字文化的发展。英语母语者只是经历了时间较短的封建农奴社会，所以受地位等级观念的影响不如汉语母语者明显。所以在社会地位域中，汉语方位词的隐喻拓展能力远远超出英语。相对而言，汉语隐喻概念灵活，应用范围更广。

结　语

本书基于认知语言学的"五大理论",即图形－背景理论、参照系理论、概念隐喻理论、指代空间理论及趋近化理论,结合"空间"、"时间"、"状态"及"社会地位"的认知特征,建构了指导本书的"整合认知框架",对汉英具象三维空间认知及抽象三维空间认知进行对比分析,诠释汉英两种语言背后隐含的认知机制,完成对三维空间认知语义层面的对比研究。

本书沿着从三维空间,到时间域,再到状态域和社会地位域的路径,从认知语义层面探讨语言—社会—认知三者关系,探索并验证汉英存在共同的抽象三维认知框架,即由抽象空间轴(d轴)与抽象时间轴(t轴)和情态/价值轴(m轴)及坐标中心此地、此时、说话者(S点)构成的三维坐标系。第二章探讨了认知语言学的相关理论,并构建了指导本书的"整合认知框架"。第三至第六章是汉英三维空间语义层面的研究:第三章对三维空间进行了分析，第四章中研究的时间域、第五章中研究的状态域、第六章中研究的社会地位域皆为空间域的隐喻映射。

一　汉英三维空间

汉英三维空间认知方面，基于本书的"整合认知框架"，通过对汉英三维空间认知的对比分析，发现汉英空间语言表征既具有拓扑客观性，也具有指代主观性。汉英"上/下"语言表征差别最大、主观性对比最明显，其次为"前/后"，"左/右"语言表征差别最小。汉英两种语言在描述空间方位关系时所用词语表达的意义并不能完全对等。这种语言表征的不对等并不仅仅是语义上的不对等，更多的是源自不同社会文化背景的汉英母语者认知机制的不同。在表达同类方位概念时，汉语"上/下""前/后""左/右"并不做具体的空间维度区分，人们习惯于"面"（二维）的认知模式，即通常侧重背景的二维平面而忽略其"点"、"线"或"体"特征，所以在表达具体方位关系时，汉语的语义负担较重、空间概念覆盖范围较广。就汉英语言本身而言，语言内部存在着语义的不对称性，尤其是"上/下"与"前/后"，这是语言的凸显性及语言经济性原则共同作用的结果。而"左/右"相对于人的身体是一种平衡的空间位置关系，所以基本对称。

时间域的认知研究框架是建立在空间参照框架基础之上的。通过对时间参照框架的考察，我们已经得知，汉语和英语母语者对时间的认知主观性体现在垂直和水平的认知模式上。水平的前后方向上的时间定位是汉英普遍存在的思维方式，但汉语的时间认知模式是立体的，即既有前后水平模式，也有上下垂直模式，汉语母语者更倾向于采用垂直空间模式对时间进行隐喻；英语时间认知是一维的，只有前后水平模式，英语母语者倾向采用水平时空隐喻模式。在"时间移动"和"自我移动"两种模式中，英语更倾向采用观察者（语言使用者）面向将来的模式，以将来为前，过去为后；汉语中两种模式均存在，但在"自我移动"模式中表征了英语中所没有的过去在前，将来在后的时间概念。事实上，时间本无上下、前后，无论是选择什么样的参照框架或参照点，无论用英语还是汉语来表征时间或时间次序，都反映了说话者的主观心理过程及状态。总而言之，对时间的理解本质上是主观的。

对状态域和社会地位域的认知研究，运用认知语言学空间隐喻理论及体验哲学的观点，把状态域和社会地位域作为空间域的映射，分析"上／下"（"up/down"）、"前／后"（"front/back"）、"左／右"（"left/right"）在状态域和社会地位域中的汉英语言表征及社会文化根源。

状态域中，汉语"上／下"与英语"up/down"既保留了空间域的特性，又体现了状态域的特征，即在品质状态、情绪状态、成败状态、程度状态、方向状态五方面均形成一一对应关系，而且在状态域中，"上"与"下"、"up"与"down"的语义仍然对立。在状态域中，"上"与"up"为好的、积极的、理想的、强的状态,"下"与"down"为坏的、消极的、不理想的、弱的状态,但在方向状态方面没有好坏之分。汉语"前/后"与英语"front/back"在状态域中极为相似,在公开与隐秘状态、进攻与备防状态两方面均形成一一对应关系,而且在状态域中,"前"与"后"、"front"与"back"的语义仍然对立。"前"与"front"为公开的、进攻的、勇敢的状态,"后"与"back"为隐秘的、备防的、畏缩的状态。汉语"左/右"与英语"left/right"在状态域中依然存在相似性,即在派别状态与品质状态两方面均形成一一对应关系,而且在状态域中,"左"与"右"、"left"与"right"的语义仍然均衡对立。

无论是在汉语中还是在英语中,社会地位域中的"上"基本表积极意义,是级别或地位高、权力大,"下"则表消极意义,是级别或地位低、权力小;"前"为重要和先进,"后"则为次要和落后;"左"和"右"没有固定的衡量标准,或尊或卑。"上/下""前/后""左/右"本无尊卑、高低之分,是不同的社会文化赋予了人类对其不同的主观判断。但无论判断的标准如何,人类的认知都存在着惊人的主观共性。

二 汉英抽象三维空间认知

本书的第三至第六章阐释了由"上/下"("up/down")、"前/后"("front/back")、"左/右"("left/right")方位构成的具象三维空间认知及其通过隐喻映射的时间域、状态域和社会地位域认知。在时间域中,汉英主要采取了垂直时间认知模式和水平时间认知模式,二者可抽象为垂直轴线和水平轴线。状态域是人们对事物状态的心理认同,从而构成集体认知。社会地位域是人们对地位及权力的评价,最终形成集体的基本评价体系。

具象三维空间及其通过隐喻映射的时间、状态及社会地位构成抽象三维空间。抽象三维认知框架是由上下空间轴(心理距离)、左右时间轴(说话者提及的时间及构想时间)、前后情态/价值轴(对话语真值的判断及意识形态)构成的三维认知空间。三维认知框架中的情态、价值轴是基于第五章的状态域和第六章的社会地位域中所体现的集体认知标准和集体评价体系对说话者的话语真值进行判断,有时也对其意识形态进行判断。任何说话者的话语表达都会有一定的主观倾向及目的性,而为了实现自己的主观意志,说话者会采取一定的表达策略,即语言的表征策略。表征策略涉及指称和述谓两方面,而指代空间理论与趋近化理论正与这两方面相对应,可以对其做出合理阐释。

三 本书的不足与进一步的研究方向

汉英话语三维空间认知对比是一个开放性的课题,绝非本书在有限时间内所能完成的系统体系的建构工作。本书运用认知语言学的相关理论,以具有基础性认知地位的空间认知为出发点,分别对空间域、时间域、状态域和社会地位域认知进行了对比分析,从主观性上阐释人类共同的认知特点与语言表征的差异,探讨了汉英认知机制的异同。就本书的研究深度和广度而言，距离建立一个科学的、系统性的理论框架的要求还有相当的距离。

本书的后续研究，拟增补认知语篇部分，认知语篇部分将基于具象三维认知框架的抽象三维认知框架运用于不同题材的汉英语篇中，以从语篇层面进一步验证本书"整合认知框架"的合理性及可行性。在对比方面，计划考虑再选一种有特色的语言，进行三语对比研究，以期更好地阐释人类相同的三维认知框架。

图书在版编目(CIP)数据

汉英话语三维空间认知对比 / 刘静菲著. -- 北京：社会科学文献出版社, 2023.12（2025.9重印）
 ISBN 978-7-5228-3202-9

Ⅰ.①汉… Ⅱ.①刘… Ⅲ.①汉语-认知语言学-对比研究-英语 Ⅳ.①H1②H31

中国国家版本馆CIP数据核字（2023）第249560号

汉英话语三维空间认知对比

著　　者 / 刘静菲
出 版 人 / 冀祥德
责任编辑 / 李延玲
文稿编辑 / 邹丹妮
责任印制 / 岳　阳

出　　版 / 社会科学文献出版社（010）59367142
地址：北京市北三环中路甲29号院华龙大厦　邮编：100029
网址：www.ssap.com.cn
发　　行 / 社会科学文献出版社（010）59367028
印　　装 / 唐山玺诚印务有限公司
规　　格 / 开　本：787mm×1092mm　1/16
印　张：13.5　字　数：202 千字
版　　次 / 2023年12月第1版　2025年9月第3次印刷
书　　号 / ISBN 978-7-5228-3202-9
定　　价 / 99.00元

读者服务电话：4008918866

▲ 版权所有 翻印必究